文化自信视阈下优秀传统文化教育研究

周帅 李亮 刘献军◎著

吉林出版集团股份有限公司
全国百佳图书出版单位

图书在版编目（CIP）数据

文化自信视阈下优秀传统文化教育研究/周帅，李亮，刘献军著. -- 长春：吉林出版集团股份有限公司，2022.3
ISBN 978-7-5731-2115-8

Ⅰ.①文… Ⅱ.①周… ②李… ③刘… Ⅲ.①中华文化—教学研究—高等学校 Ⅳ.①K203

中国版本图书馆CIP数据核字(2022)第160971号

WENHUA ZIXIN SHIYU XIA YOUXIU CHUANTONG WENHUA JIAOYU YANJIU
文化自信视阈下优秀传统文化教育研究

著　　者：	周　帅　李　亮　刘献军
责任编辑：	郭玉婷
封面设计：	雅硕图文
版式设计：	雅硕图文
出　　版：	吉林出版集团股份有限公司
发　　行：	吉林出版集团青少年书刊发行有限公司
地　　址：	吉林省长春市福祉大路5788号
邮政编码：	130118
电　　话：	0431-81629808
印　　刷：	天津和萱印刷有限公司
版　　次：	2023年9月第1版
印　　次：	2023年9月第1次印刷
开　　本：	710 mm×1000 mm　　1/16
印　　张：	8.25
字　　数：	140千字
书　　号：	ISBN 978-7-5731-2115-8
定　　价：	78.00元

版权所有　翻印必究

内容简介

文化自信是一个民族、一个国家及一个政党对自身文化价值的充分肯定和积极践行，并对其文化的生命力持有的坚定信心。本书以增强大学生民族文化自信为主旨，深入浅出地分析了文化自信视阈下优秀传统文化教育的重要性，让大学生明白优秀传统文化的文化价值。全书主要内容包括：第一章正确认识文化自信、第二章优秀传统文化的基本认知、第三章用优秀传统文化培育文化自信、第四章大学生优秀传统文化教育的必要性及对策第五章大学生优秀传统文化自信的分析。本书适用于高校教育工作者，也可作为大学生自我学习的参考用书。

目　录

第一章　正确认识文化自信 ··· 1
　　第一节　文化发展与文化自觉、文化自信 ························ 1
　　第二节　中华文化自信的基础：资源、价值与独特标识 ······ 8
　　第三节　文化自信的现实功能 ······································· 17
第二章　优秀传统文化的基本认知 ···································· 26
　　第一节　优秀传统文化的主要内容 ································ 26
　　第二节　优秀传统文化的基本特征 ································ 29
　　第三节　文化自信与优秀传统文化的内在关联 ················· 32
第三章　用优秀传统文化培育文化自信 ······························ 36
　　第一节　优秀传统文化培育文化自信的可行性 ················· 36
　　第二节　优秀传统文化培育文化自信的原则 ···················· 49
　　第三节　培育文化自信的优秀传统文化内容 ···················· 66
第四章　大学生优秀传统文化教育的必要性及对策 ·············· 83
　　第一节　大学生优秀传统文化教育的必要性及理论依据 ···· 83
　　第二节　开展大学生优秀传统文化教育的对策 ················· 88
第五章　大学生优秀传统文化自信的分析 ··························· 101
　　第一节　大学生优秀传统文化自信现状 ·························· 101
　　第二节　培养大学生优秀传统文化自信的路径 ················· 112

第一章　正确认识文化自信

第一节　文化发展与文化自觉、文化自信

在人类文明史上，中华广阔的土地上孕育出了优秀的传统文化，造就了5000年来世界上唯一没有间断过的中华文明，在克服艰难险阻中彰显了自身的优越性。罗素曾说：中华文明是唯一从古代存留至今的文明。1840年以后，中国社会被迫打破循环运行模式，踏入到现代化线性的发展模式之中。但在马克思主义思想传入中国以后，中国共产党人结合我国的国情，在艰苦的革命实践中重构了中华优秀的传统文化，创造出具有中国特色的优秀革命文化，实现了马克思主义的中国化，并取得了新民主主义革命的胜利，让中国人民从此站了起来，又使中华民族逐渐重新回到文化自信的轨道上来。中华人民共和国成立后，在中国共产党的领导下，全国各族人民积极探索社会主义革命建设和现代化之路，取得了举世瞩目的成就，特别是通过近40年的改革开放，我国成为世界第二大经济体后，加速从世界的边缘走向世界舞台的中心。中国由过去被动遵守国际秩序和规则逐渐向参与制定和主导国际规则转变。中国在向世界贡献经济和科技成果的同时，必然向世界传达与彰显我国的文化与价值。因此，在新的时代背景下，文化的重构与振兴，强调文化自信，不仅是全民族文化建设和价值追求，也是推进实现全面建成社会主义现代化国家、开启社会主义现代化国家建设新征程的重要力量，更是中华民族对世界与时代发展担当的吁求回应。

中国社会主义现代化建设的伟大成果，特别是改革开放以后的飞速发展，是在全球化背景下对机遇的精准把握、对挑战的不断战胜的过程中取得

的。然而，全球化趋势致使世界各民族之间的交流越来越频繁，各文化之间的融合也越来越深入，文化自我认同的问题越来越凸显，自我与他人之间的界限越来越模糊，自我认同越来越艰难，"我是谁"已不再是可以简单回答的问题。这一问题的出现，对国家文化甚至整个社会的发展提出了新的挑战。在此过程中，许多发展中国家在全球化中逐渐失去了自我，其文化完全被西方殖民，形成了亨廷顿笔下"文化上的精神分裂症"，无所归依的民族文化心态导致发展步履维艰。文化上的精神分裂将导致民族心理上的分裂，这无疑是一个国家、民族发展的最大悲哀。文化的本质是人的精神意识和情感之间的联系，这种联系总是通过相应的形态表现出来，构成千差万别的文化形态和内容。民族文化是民族心理的外化，同时作用于民族心理。"自我"的消失本质上基于文化自卑，文化自卑或文化精神分裂因失去方向与动力导致民族与国家的"自我消失"，无法在世界之林立足。只有找回自信、重塑自信，才能建立适应时代变化的民族文化心理。欲人勿恶，必先自美，欲人勿疑，必先自信。只有对自己的文化有坚定的信心，才能获得坚持坚守的从容，也才能鼓起奋发进取的勇气，让文化自信转变为创新创造的活力，在自信的文化实践中实现文化的发展，在发展中造就与强化自信的民族心理和文化心态。因此，文化自信是中国特色社会主义最根本的自信，是实现中华民族伟大复兴路上必须强化的自觉心理和坚定态度。

文化自觉是文化自信和文化发展的前提。人是文化的动物。文化及文化现象成为各民族之间的自我标识，是民族自我认知和认同的依据。民族之间的互动，根本上是文化之间的交流与融合。国家、民族之间的交往，文化扮演着最为根本、最为基础、最为核心的角色。无论是经济的发展还是政治制度的建构，都以相应的文化环境为基础。文化发展成为民族发展的集中体现，在为社会的发展带来工具性价值的同时，更为重要的是强化民族自我认同的内在价值。文化的内在价值，是民族自我认同的核心，是在全球化背景下避免民族文化分裂从而导致民族心理分裂的核心内容。文化是支撑一个民族存在的核心基础及精神动力，是一个民族凝聚力的核心来源，是一个民族的灵魂，没有自己文化的民族是一个没有灵魂的民族，因此文化对民族与国家具有基础及核心意义。人类的发展历史告诉我们，一个国家无论看上去多么强大，如果没有统一的文化认同，迟早会分崩离析。

一个民族即使处于分裂状态，但只要有共同的文化心理，便将拥有强大的内在凝聚力及绵延不断的发展动力。古埃及和巴比伦帝国由于没有统一的、共同认可的文化及其民族心理，即使一时建立起了幅员辽阔的庞大帝国，最终也都土崩瓦解。而犹太民族的历史遭遇向我们启示，只要有共同的民族认同与文化心理，即使颠沛流离，饱经沧桑，其文明也能经受住各种严峻考验，延绵不绝，生生不息。因此，从长远发展的视角来看，文化关乎一个民族与国家的生死存亡。在全球化背景下，各国特别是非西方国家，文化建设将是确保其民族存在的最根本性的建设任务。

文化建设与文化发展必须基于文化自觉。文化自觉在著名社会学家费孝通先生看来，就是文化自知，是人们对其文化的"自知之明"，自知之明是为了加强对文化转型的自主能力，取得决定适应新环境、新时代的文化选择的自主地位。通过明晰各民族的文化来历、形成、实质及其发展趋势达到文化自觉这是一个浩大而艰巨的工程。这一工程需要全社会长时间地参与其中，从实践中反思、调试和验证，动态地在历史实践中实现。

文化自觉的首要任务是构建民族文化的主体性。只有具备一定程度的主体性，才能形成民族的自我认知和强化民族的自我认同，也才能避免在全球化的冲击中形成分裂文化和民族心理，甚至是在西方文化的侵入中完全被西方文化同化，致使"自我"消失。文化的主体性是在社会实践和民族发展的过程中动态凝聚和强化生成的，是对自我民族的认知和认同，也是在实践中的民族自我生成。

具体来说，文化主体性的建构，需要"知彼知己"。对自我的认知要借助他者之镜才有可能，否则我们无法关照自身。理论上看，他者之镜主要通过时空两个维度获得。从历史来看，文化的演变和发展的动力也主要来自时空维度：一是各地区、国家、民族内部文化的传递、演变和发展，二是通过各地区、国家、民族之间的交流互动，在文化的交流融合中进行衍演与变迁。可见，他者的"文化之镜"是通过自我不同历史阶段文化内容的反照和外来文化的比对，从而激活自我文化意识。自我文化在不同的历史时期、在不同区域本土化的不同面向和不同的外来文化中构成文化自觉的"他者之镜"。在实践中，要真正做到"知己知彼"，将面临"进不去"和"出不来"的问题。

"进不去"是指由于受到自文化的认知结构的影响，无法真正理解他文化的内容与意义。"出不来"则是指由于人们长期浸淫在自文化之中，而对自文化的形成无意识化。那么，在文化自觉的过程中，就要通过他者的"文化之镜"，来反照自身，努力通过"进得去"和"出得来"的实践策略，跨越"进不去"和"出不来"的困境。"进得去"是指在与外文化接触的过程中，能够努力去了解外来文化，甚至是进入外来文化之中，对外文化的精华与糟粕予以辨别，从而能做到"知彼"的目的。"出得来"是指在认知自文化的过程中，要能够将因文化内化变为潜意识的文化内容，激发到意识层面，把自我放在客观的位置进行文化认知与考究，通过这一进程，达到"知己"的目的。"知己"与"知彼"，都是在社会历史实践的过程中逐渐达成，而非一蹴而就。在文化自觉的层面来看，"知彼"是为了更好地"知己"，在文化自知的基础上，进行文化主体性建构，为文化建设提供基础条件。

文化自信是文化自觉历史实践的结果，是文化发展的持久动力。文化在人类生产实践的过程中产生，在生产实践中体现。文化发展的内容必然通过各民族的经济、政治及文化自身的实践过程体现出来，并在实践的过程中强化，也在实践中变迁。经济、政治及文化自身的实践发展，在与他文化或民族交往展现的过程中，会逐渐形成相应的文化心理。经济、政治和文化的实践，在全球化的平台上，体现出竞争化操作，其竞争结果将作用于各民族的心理，影响文化与民族的自我认同。在全球化的经济、政治及文化自身的竞争实践中，与他文化相比处于优势，可以从两个方面形成文化自信和民族自信心理：一是由竞争结果直接导致胜者的自信心态，一是通过平等交流互动，获得他者的认可与认同，来获得文化自信心理。反之，在同样的作用机理下，则造成自卑的文化气质和心理。由此可见，文化在生产实践中产生，也在实践中实现，并在依附于实践的过程中进行展现。只有在竞争实践中占据优势，才会逐渐形成自信的文化心态和民族气质，并获得文化主体性，从而在民族交流与互动过程中，获得文化主体话语权。文化主体性的建构与获得，为文化自信实践奠定条件，也为文化的发展提供了操作性基础。

文化主体性地位的建构是在现代社会快速推动中提出来的。在起源于西方的现代性社会快速向全球推进的过程中，非西方国家的文化在现代化这一浪潮中面临巨大的挑战和失去自我的风险。在长达一个多世纪的探索中，我国近代以来同样也遭遇这种风险。近代中国在与西方接触的过程中，由于将科学技术的落后归因到文化的内容上，形成了文化自卑的文化心态和民族心理，无疑是消解文化主体性的行为。到了20世纪90年代，费孝通先生再次提出以建构文化主体性为目的的文化自觉，更具有深刻的时代与现实意义。21世纪的中国已不再是100多年的国家。在中国共产党的领导下，坚定走社会主义现代化建设的道路，快速推进其现代化进程，从世界的边缘日益走向世界舞台的中心。如果我们不能彻底摆脱文化自卑，不能形成文化自信的民族心理，将严重影响我国在国际舞台上的作用发挥，从深层次上影响我国的现代化进程。所以，在新时代的要求下，强调在文化的主体性建设基础上的文化自觉自信，具有非常深远的实践意义和建设价值。

进一步看，在文化自觉的基础上，在实践中对文化的主体性进行建构，不断强化和形成自我的文化认同，可以逐渐摆脱文化自卑，构建起真正的文化自信。经济发展带来社会转型，社会转型的核心内容则体现为文化转型，从对原来文化的"离异"到更理性的"回归"。对此，著名历史学家章开沅教授认为，这种文化上的"离异"，首先表现为模仿、学习与趋近西方近代文明，这里的"回归"，则主要表现为从传统文化中寻找本民族的主体意识，以求避免被暂时先进的西方文明同化。就近代东方国家而言，"离异"主要表现为趋向于西方近代文明对传统文化的暂时脱离，从总体上来说是进步的历史潮流。但在此过程中，由于强弱贫富差距悬殊，很容易产生民族自卑感。因此，在我国现代化过程中，要处理好"离异"和"回归"的关系，离异与回归要适度，"离异"不可无根，"回归"不可返古。

也正是如此，中国人民在经历改革开放、坚持走中国特色社会主义道路，彰显中国道路为世界各民族与文化发展做出的新贡献之后，我们才得以加快建立起基于中华优秀传统文化的新时代的文化自信。

文化自信是在社会、历史实践过程中，逐渐形成的一种文化心理和民族气质。在"四个自信"的理论框架中，文化自信的形成是在中国特色社会主义现代化建设道路的坚持与自信，并在对社会主义建设的理论和制度自信的基础上逐渐形成的。可以说，文化自信是在道路自信、理论自信和制度自信的实践中逐渐形成的一种文化心态和民族气质。道路自信、理论自信和制度自信构成了文化自信的实践机制，也是文化自信的核心内涵。同时，文化自信进一步促进了道路自信、理论自信和制度自信的实践，它们之间是相互促进、相互生成的关系。在现代化建设中，文化自信与道路自信、制度自信和理论自信一起，共同构建与丰富中国特色社会主义的理论与实践。

　　文化发展是文化自觉与文化自信实践的历史面向。文化发展在文化自觉与文化自信的实践过程中得以实现，文化自觉与主体性建构及文化自信，是通过文化发展表现出来的。文化自觉、文化自信与文化发展构成相互促进与发展的循环机制，即在文化自觉自知的基础上，对文化的主体性进行建构。在此过程中，对传统和外来文化进行文化自省和认知，对糟粕与精华鉴别，从而保留和弘扬传统文化中的精华，同时吸取他文化中的精华，并对之进行与传统文化的融合，在实践中加以实现，最终促成文化的健康发展。文化发展是在文化自觉和文化主体性的建构过程得以实现与体现的。文化的发展使文化能够适应时代变迁，并在变迁中获得文化认同。在适应时代要求的文化发展过程中，逐渐形成文化自信的文化心态和民族气质。文化自信，既是一种孜孜追求的过程，也是文化实践的最高状态，在文化实践中生成，在文化实践中展现。文化自信为文化自觉与文化发展提供动力，形成更高层次的自信，也即文化自信通过文化自觉与文化发展进行自我强化、自我生产、自我提升。由此，文化自觉、文化发展与文化自信呈现出一种循环螺旋式发展，互为条件，互为支撑。

　　从历史经验来看，三者之间的这种循环式螺旋发展并不是以匀速速率进行的，它呈现加速运行趋势。随着现代化对效率的追求，精确的时间成为现代社会的产物以后，现代社会的运行速度越来越快，从而致使现代社会特别是后现代社会中的变化成为绝对的律令。正如马克思所说，在现代社会中，原来确定的、坚实的事物都烟消云散。一切事物都呈现出鲍曼眼中的流动性，并且流动的速度越来越快。在这样的社会运转中，能够站立的事物越来越少，站立的时间也越来越短，最终形成一种如贝尔所说的现象，现代社会的快速运行仅仅追求一种及时的、瞬间的冲动与震撼，最终现代社会就如一只倒空的碗，没有留下任何东西。

在这种快速流动的现代社会中，人们失去了赖以依附的安全根基，焦虑成为弥散在现代社会中人们挥之不去的内心阴霾，致使物质的发达与文化的空虚成为现代社会突出的特征。在此趋势下，文化发展的循环速度也越来越快。一方面，流动的现代性为文化建构提出了严峻挑战，现代社会的更新速率越来越快，社会中能够站立或沉淀的事物越来越少，在此背景中去追求确定的、稳定的、实在的文化因素，并对他文化的要素进行类似的认知与建构，实属不易。社会越来越快的循环螺旋式的发展模式，对现代文化主体性的建构与文化自信的培养都提出了挑战。另一方面，在高速流动的现代社会中，人们安全感缺失，其心灵失去了归依的对象，"自我"认同出现困难，这种心灵危机为文化自信的建构提供了现实可能。

总体来看，以文化主体性建构为目的的文化自觉是基础，由文化自觉实践的过程体现出来的文化发展是过程，在文化主体性建构和文化发展的过程中逐渐形成的文化自信是动力和结果。反过来，文化自信是文化建设过程的动力，也是文化建设的终极目标。从我国的历史来看，文化自觉是文化自信的前提，表现为共产党领导下的民族和国家在文化上的觉悟和觉醒，包括对文化在历史进步中地位作用的深刻认识，对文化发展规律的正确把握，对发展文化历史责任的主动担当。

在中国共产党领导下的社会主义建设与现代化实践，使文化自觉体现为一种内在的精神力量，表现为对自身文化在觉醒自知基础上的强烈反省与批判精神，并在批判与反省中探寻新文化、新文明的建构之路，使文化自省精神，构成推动文化繁荣发展的先决条件，建构文化自信的推动力量，体现为文化自信的更高层次。中国共产党在深刻理解我国传统文化精髓的基础上，对马克思主义进行中国化改造，领导全国各族人民进行新民主主义革命和社会主义建设、推进现代化实践，使中华民族逐渐脱离文化自卑、文化盲从，在历史实践的过程中建立起文化自信。进入新时代，在"站起来""富起来"之后，实施"强起来"的新战略，将不断充实提升中华民族的文化自信，进而实现现代文化意义上的真正的文化自强。

第二节 中华文化自信的基础：资源、价值与独特标识

一、中华文化自信的宝贵资源

（一）作为文化自信之根的中华优秀传统文化

中国传统文化历史悠久，冯友兰在其两卷本《中国哲学史》中，将中国传统的思想文化以董仲舒"罢黜百家独尊儒术"的实现为界，划分为"子学时代"和"经学时代"，这一划分的依据是封建社会"大一统"的意识形态的确立，融合了墨、道、法、阴阳各家的儒家学说。具体来看，传统文化在思想学术方面表现出特色鲜明的时代特征：先秦诸子百家、秦汉黄老之学、两汉经学、魏晋玄学和佛教学派、道教宗派、隋唐宗派佛学、宋明理学、清代朴学，自董仲舒之后，先秦儒家学说在后世儒者的继承和发展基础上，成为传统社会中的主流意识形态，对于维护大一统的政治局面，对于个人的道德修养，对于改善社会的治理和维护社会的和谐，起到了非常积极的作用。习近平总书记充分肯定了儒家思想在当代社会的价值："孔子创立的儒家学说以及在此基础上发展起来的儒家思想，对中华文明产生了深刻影响，是中国传统文化的重要组成部分。儒家思想同中华民族形成和发展过程中所产生的其他思想文化一道，记载了中华民族自古以来在建设家园的奋斗中开展的精神活动、进行的理性思维、创造的文化成果，反映了中华民族的精神追求，是中华民族生生不息、发展壮大的重要滋养。中华文明，不仅对中国发展产生了深刻影响，而且对人类文明进步作出了重大贡献。"

具体而言，儒家思想在基本价值观上始终关注现实人生和社会，表现出一种理性主义的精神。孔子主张"未知生焉知死"并且不语"怪力乱神"，表明儒家思想自孔子开始，就将眼光放在现实的人生方面，既以现实的社会人生为研究对象，又以改善现实的社会人生为归宿。现实社会人生的价值取向，使得儒家特别关注两个向度，一是个人的伦理道德修养，即"修身"，另一个是天下太平的理想，即"治世"，这两个向度基本上囊括了儒家的学术宗旨。在

此基础上，儒家又发展出一套个人道德修养的具体方法和社会伦理道德规范，虽然在传统社会中儒家思想所维护的是统治阶级专制统治和意识形态，但是儒家所提出的修身和治世的具体方法在当今社会仍然具有启示意义。具体而言，"自省""慎独""乐天知命""变化气质"等修养方法有助于涵养个体的道德人格，"富之、安之、教之""礼教""乐教"等治世方法有助于维护社会的和谐安定。在儒家思想体系中，还提出了许多具有现代价值的思想，如"自强不息厚德载物"的理念、"制天命而用之"的能动改造自然的思想、"民胞物与"中天人和谐的观念、天下为公的"大同社会"理想等。这些思想和理念可以为人们认识和改造世界提供有益启迪，可以为治国理政提供有益启示，也可以为道德建设提供有益启发。对传统文化中适合于调理社会关系和鼓励人们向善的内容，我们要结合时代条件加以继承和发扬，赋予其新的涵义。

中华优秀传统文化不仅塑造着中华民族的精神、推动着中华文明的发展，也为世界文明的发展发生过积极的作用。中国古代的"四大发明"对世界文明的推动作用众所周知，马克思曾对中国的三大发明做出过高度评价："火药，指南针，印刷术——这是预告资产阶级社会到来的三大发明。火药把骑士阶层炸得粉碎，指南针打开世界市场，而印刷术变成新教的工具。总的来说，变成科学复兴的手段，变成对精神发展创造必要前提的最强大的杠杆。"明清以来，许多来华的耶稣会士带着传教的使命来到中国，为了更好地了解中华民族的信仰和风俗等状况，他们也将中国的传统学术，如儒家、道家的经典译介到西方，16世纪以来东西方文化的交流，是近代世界文明史上的大事。朱谦之对中国物质和精神文明给西方社会带来的变革有过概括："13世纪至16世纪中国的重要发明，以蒙古人与阿拉伯人为媒介，其所传播的中国文明实予欧洲文艺复兴之物质基础创造了条件。而16世纪以来耶稣会士来华传教，其所传播之中国文化，则实予17、18世纪欧洲启明运动创造了思想革命的有利条件。"不论16世纪之后西方的思想界对于中国儒家思想的理解是否允当，总体上看，西方的思想界将儒家思想视为除古希腊传统理性来源外的又一理性主义来源，中国的儒家思想对于西方近代社会的启蒙乃至资产阶级革命，都起到过理论上的先导作用。在现代社会，儒家思想依然有其强大的生命力和积极意义，儒家所提出的伦理道德观念、以人为本的管理思想、"亲仁善邻"的和平愿望等，对于解决一些全球性问题、对于防止资本主导的社会中人的异化现象，都有十分重要的启发作用。

（二）作为文化自信之魂的红色革命文化

红色革命文化，是五四运动以来中国人民在中国共产党的领导下同西方列强及国内各种反动势力做斗争的过程中所创造的文化，它以马克思主义为指导，以争取民族独立和人民解放为主题，是极具中国革命特色的先进文化，其中蕴含着丰富的革命精神和优良的革命传统。红色文化，作为中国共产党领导广大人民群众在革命实践和建设中所形成的先进文化，从形态上来看，是以革命精神为核心的物质文化、精神文化和制度文化的统一体。物质形态的红色文化主要指红色文化教育及传承红色文化的物质媒介和载体，主要包括有历史价值的博物馆、纪念馆、展览馆、烈士陵园和文献资料等。精神形态的红色文化主要指中国共产党在带领全体人民进行社会主义革命和建设过程中所形成的崇高精神、优良作风、革命传统、革命精神等，包括井冈山精神、长征精神、抗战精神、抗美援朝精神等。这些革命精神是红色文化的内核和核心。制度形态的红色文化主要指党在革命和建设过程中所形成的理论、路线、方针、政策等。红色文化的形成，源于中国共产党带领中国人民在革命和建设实践中所进行的探索，也离不开马克思主义的指导和对传统文化的创造性转化。

红色革命文化的形成，是将马克思主义与中国革命实践相结合的过程。中国共产党人准确地把握了马克思主义的实践品格，在深刻分析中国国情的基础上，得出了中国是半封建半殖民地社会的论断，在这样的社会条件下，中国革命的任务在于推翻"三座大山"，即帝国主义、封建主义和官僚资本主义的压迫。1948年，毛泽东同志在《在晋绥干部会议上的讲话》中第一次全面、系统地提出了新民主主义革命的总路线和总政策，革命的目标在于改变封建的生产关系及其腐朽的上层建筑，革命的对象是帝国主义、封建主义和官僚资本主义，革命的动力包括工人、农民、小资产阶级和民族资产阶级，革命的领导力量是中国共产党，革命的具体步骤是"两步走"的战略。中国共产党领导人的科学决策，指导中国革命取得了胜利，改变了半殖民地半封建的社会性质，最终建立了社会主义社会。马克思主义对红色革命文化形成的影响，还决定了革命文化的无产阶级性质。无产阶级文化的基本立场，就是作为无产阶级的广大人民群众，因此，革命文化最终的服务对象是无产阶级革命，同时是无产阶级革命的一部分。毛泽东同志指出："要使文艺很好地成为整个革命机器的一个组成部分，作为团结人民、教育人民、打击敌人、消灭敌人的有力的武器，帮助人民同心同德地和敌人作斗争。"

红色革命文化的形成，也是继承和发扬优秀传统文化的过程。中国共产党人在带领中国人民进行革命和建设的过程中，也自觉继承和发扬了优秀的传统文化，如"自强不息、厚德载物"的奋斗精神、"天下兴亡、匹夫有责"的担当意识、"杀身成仁、舍生取义"的牺牲精神、"鞠躬尽瘁、死而后已"的奉献精神、"国而忘家、公而忘私"的无私精神等。这些优秀传统文化中的精华，在中国人民的革命实践中，铸就了井冈山精神、长征精神、延安精神、西柏坡精神等具有时代特征和民族特色的革命文化精神，成为指引中国革命走向胜利的精神财富中的一部分。

红色革命文化对于指明中国革命的奋斗方向，对于制定中国革命的纲领和方针，对于激励中国共产党人和革命群众等方面起到了积极的作用。中国共产党在领导中国革命的过程中以马克思主义为指导、结合中国革命实践、继承优秀传统文化而形成的红色革命文化，不仅对于中国新民主主义革命和社会主义革命的成功起到了积极推动作用，同时是一笔宝贵的精神财富，在社会主义建设事业中也必然具有积极意义。习近平总书记在谈到革命文化中的抗战精神时说："在中国人民抗日战争的壮阔进程中，形成了伟大的抗战精神，中国人民向世界展示了天下兴亡、匹夫有责的爱国情怀，视死如归、宁死不屈的民族气节，不畏强暴、血战到底的英雄气概，百折不挠、坚忍不拔的必胜信念。"在谈到长征精神时习近平总书记说道："伟大的长征精神，就是把全国人民和中华民族的根本利益看得高于一切，坚定革命的理想和信念，坚定正义事业必然胜利的精神；就是为了救国救民，不怕任何艰难险阻，不惜付出一切牺牲的精神；就是坚持独立自主、实事求是，一切从实际出发的精神。就是顾全大局、严守纪律、紧密团结的精神；就是紧紧依靠人民群众，同人民群众生死相依、患难与共、艰苦奋斗的精神；伟大的长征精神，是中国共产党人及其领导的人民军队革命风范的生动反映，是中华民族自强不息的民族品格的集中展示，是以爱国主义为核心的民族精神的最高体现。"在今天社会主义建设事业进入新阶段的新时代，传承和弘扬红色革命文化，必然会获取社会主义建设事业不竭的精神动力。

（三）作为文化自信之本的社会主义先进文化

中国特色的社会主义先进文化，是以马克思主义为指导，以中国改革开放的实际为依据，包括社会主义核心价值观和价值体系等内容，以面向现代化、面向世界、面向未来，民族的、科学的、大众的为特点的社会主义文化。中国特色的社会主义先进文化，首先是对中华优秀传统文化及红色革命文化的继承和超越。习近平总书记指出："在5000多年文明发展进程中，中华民族创造了博大精深的灿烂文化，要使中华民族最基本的文化基因与当代文化相适应、与现代社会相协调，从人们喜闻乐见、具有广泛参与性的方式推广开来，把跨越时空、超越国度、富有永恒魅力、具有当代价值的文化精神、立足本国又面向世界的当代中国文化创新成果传播出去。"中国特色社会主义文化，要与传统文化、革命文化有一脉相承的继承性，同时要具有时代的超越性，是历史性和现实性的统一，要有中国特色、体现中国国情，还要有世界性，是民族性与世界性的统一。

社会主义核心价值观是社会主义先进文化的核心内容。党的十八大从三个层面提出了社会主义核心价值观——富强、民主、文明、和谐，从国家层面提出了建设中国特色社会主义的理想和目标——自由、平等、公正、法制，从社会层面提出了实现社会主义现代化的理念和途径——爱国、敬业、诚信、友善，从个人层面提出了社会主义现代化国家个人的价值追求和品质。一个国家、民族的核心价值观和价值体系对于社会的发展意义重大，习近平总书记指出："核心价值观，承载着一个民族、一个国家的精神追求，体现着一个社会评判是非曲直的价值标准。……如果一个民族、一个国家没有共同的核心价值观，莫衷一是，行无依归，那这个民族、这个国家就无法前进。"社会主义核心价值观的提出，使中国特色社会主义建设的目标和方向更加清晰，方法和途径更加明确，它不仅增强了中华民族的凝聚力，也提高了中国人民建设中国特色社会主义的信心和底气。从世界范围内看，社会主义核心价值观既是中国特色社会主义的核心内容，又是中国特色社会主义的价值体系，体现了中国特色和中国气魄。它强调，建设中国特色的社会主义文化，就是要"努力传播当代中国价值观念","努力展示中华文化独特魅力","努力提高国际话语权",充分揭示了中国特色社会主义文化自信的途径和意义。

中华优秀传统文化、红色革命文化、社会主义先进文化是"文化自信"的三大基础,是中华儿女在不同历史时期的智慧结晶。三大文化虽然是不同历史时期的智慧创造,但它们都深深植根于人民之中,同时为最广大的人民服务。中华优秀传统文化立足于人的修养,旨在提高全体民众的道德水平和素养。红色革命文化则立足于人的解放,旨在改变人民受剥削受压迫的地位。社会主义先进文化则立足于人的幸福,旨在满足人民日益增长的物质文化需要,为社会主义现代化建设提供精神动力和智力支持。三大文化的人民向度,是它们成为文化自信基础的灵魂与核心。

二、中华文化自信的价值和独特标识

中国是四大文明古国之一,中华文化起源甚早。在中华文明起源的问题上,曾经有各种形形色色的"西来说",随着考古学的最新发现和考古学家的努力,形形色色的"西来说"被推翻,新的考古发现雄辩地说明,中华文明并非由外来文明植入,而是一种自生的文明。中华民族是个古老的民族。在中华民族形成和发展的历史上,既有民族融合时的阵痛,又有外来民族欺凌时的生存危机,但中华民族总是以其顽强的精神和不竭的创造力屹立在世界的东方。2017年11月8日下午,习近平总书记在与美国总统特朗普参观故宫博物院的时候骄傲地介绍,文化没有断流过,始终传承下来的只有中国。世界文化在发展过程中,之所以筛选、保存了中国文化,是由中国文化的包容性、融摄性所决定的。这种融摄性体现在两个方面,其一是中华民族内部的中原文化和少数民族的文化相互融摄,发展出具有包容性开创性的中华文化。其二是中华文化对外来文化的融摄,是将外来文化不断"中国化"的过程。习近平曾指出:"在几千年的历史流变中,中华民族从来不是一帆风顺的……但我们都挺过来、走过来了,其中一个很重要的原因就是世世代代的中华儿女培育和发展了独具特色、博大精深的中华文化,中华文化在曲折发展、兼容并蓄的过程中,发展出了自己的独特价值和独特标识。

（一）天下情怀的博大胸襟

儒家是中国传统社会的主流意识形态。《礼记》提出了"天下为公"的"大同世界"的理想。近代康有为也在《大同书》中提出"人人相亲、人人平等、天下为公"的理想世界。"大同世界"的理想既表现为"大一统"的观念，又表现为"协和万邦"的理念。尽管中国封建社会的历史分分合合，但"大一统"的观念随着儒家主流意识形态的确立逐渐深入人心，中国人民要求和谐与统一的愿望越来越强烈。因此，即使在近代中华民族遭遇了前所未有的民族危机，中国人民依然能够不屈不挠，在中国共产党的带领下进行了艰苦的革命斗争，避免了亡国灭种的危机，也维护了国家主权与领土的完整，并且在社会主义先进文化的指导下努力为全面实现小康社会而奋斗。大一统的观念发展到今天，表现为中国人民强烈的爱国主义精神。"大同世界"的理想运用到国际关系上，就是要使各个国家之间和平相处、互惠互利。中国自古以来就是爱好和平的民族，中国古代的丝绸之路，就是为了促进和少数民族及其他国家的经济、文化交流，中国在明代进行的海上活动，其目的不在于对其他民族和国家的征服，因此中国的发展是和平的发展，是以天下太平为目的的发展。今天的中国特色社会主义建设，不仅是为了中华民族的伟大复兴，同时是为了世界的和平与发展。不论是"一带一路"倡议，还是"人类命运同体"概念的提出，除强调中国的发展与世界的发展的统一性外，更加强调中国的发展对于世界和平与繁荣的重大意义。

（二）经世致用的理性精神

儒学自孔子开始，就非常关注现实世界，对于人类经验之外的世界持"存而不论"的态度，儒学最注重的，就是活生生的现实世界，因此改造现实世界、实现天下太平、天下大治是儒家的理想。对于传统的知识阶层来说，明德修身、经邦济世是最高的追求。自先秦开始，儒家文化就表现出一种理性主义的倾向。近代以来，面对半殖民地半封建的社会状况，中国人民在中国共产党的领导下进行了艰苦卓绝的斗争，终于实现了民族的独立、维护了国家的主权。社会主义三大改造之后，党带领全国人民进行了不断地探索，目的就是要将中国建设成为发达的社会主义国家，从而促进社会的和谐与人的全面发展。不管是构建社会主义和谐社会，还是全面建成小康社会，都表明我们党要建设一个美丽中国,以满足人民不断提高的生活需要,这也正是我们的文化重视现实人生和社会的表现。

(三)兼容并蓄的和合精神

中华文化的和合精神表现在强大的包容性,中华文化曾经有"夷夏之防""夷夏之辨"的文化优越主义倾向,这种倾向来自精耕农业基础上产生的农耕文明。从历史发展的角度看,农耕文明确实在很长的历史时期居于领先的地位。文化优越的心态,并未造成中华文化固步自封,中华文化之所以辉煌灿烂,就在于其博大的胸怀和很强的融摄性。中华民族发展的历史,就是一部民族大融合的历史,在民族融合的过程中,既有汉民族的"胡化",也有少数民族的"汉化",从经济到政治再到文化、习俗各个方面,中华民族逐渐融合成统一的多民族国家。明清时代,中华民族遭遇了空前的民族危机,但是中华文化的包容性,促使中国人民积极地反思传统、学习西方,最终在中国共产党的领导下找到了马克思主义这一真理性认识,马克思主义和中国具体国情的结合,诞生了毛泽东思想、邓小平理论等指引中国革命和建设的指导思想。在全面建成小康社会的今天,习近平总书记提出了新时代建设中国特色社会主义的思想,这一思想不仅提出要吸收人类社会一切文明成果,还提出了坚持全面开放的政策,体现了新时代中华文化的胸襟和气度。习近平总书记指出:"只有不断发掘和利用人类创造的一切优秀思想文化和丰富知识,我们才能更好认识世界、认识社会、认识自己,才能更好开创人类社会的未来。"在新的历史时期,这一融通的主要内容和宗旨是,要善于融通马克思主义的资源、国外哲学社会科学的资源,坚持不忘本来、吸收外来、面向未来。

(四)与时俱进的革新精神

中华文化之所以历久弥新、充满活力,在于中华文化追求与时俱进、具有自我革新的生命力。中华传统文化强调"天地之大德曰生""生生之谓易"(《周易·系辞》),重视"革故鼎新"、"与时偕行",中华文化骨子里就流淌着变革的基因。哲学社会科学代表了一个时代精神的精华,从这个角度看,中华文化在不同历史时期发展出了不同的思想和理论成果。在传统社会中,先秦时期是第一个思想解放的时期,出现了诸子百家,其中以儒墨二家为主流。秦汉流行黄老之学,重视理身和治国。两汉"独尊儒术",经学形成发展。魏晋社会动荡，玄学讨论有无本末，将名教与自然的讨论推向深入。隋唐佛学兴盛，八大宗派各领风骚。宋明理学借鉴佛教和道教哲学，从形而上层面明天理人欲之辨。清代朴学重视考据，思想趋向保守封闭。近代以来，中华文化进行了深入而痛苦的自我反省，中国共产党人在扬弃传统文化的基础上，以马克思主义为指导，诞生了指导中国新民主主义革命走向胜利的毛泽东思想。在社会主义建设阶段，中国共产党人坚持理论结合实际，发展出了一系列马克思主义中国化的理论成果。在新的历史时期，习近平新时代中国特色社会主义思想是马克思主义中国化的最新成果，也充分体现了中华文化与时俱进的理论品质。

（五）以民为本的人民向度

中华文化特别重视"以民为本"，早在西周时期就发展出重视民心和民意的"民本"思想，西周的统治者有鉴于殷商的灭亡，提出了"敬德保民"的口号。此后，"民本"思想在儒学中得到继承和发展。孟子特别强调以民为本，将君和民视为相互有道德义务的两个主体，甚至将无道的君主视为"独夫"和"民贼"。张载更提出了"民胞物与"的命题，将民众视为自己的同胞，将天地万物视为与自己同体的存在。以民为本的思想为中国共产党所继承和光大，并在新时代赋予了新的内涵。中国共产党人将人民的利益作为自己最高的追求，将"全心全意为人民服务"作为自己的宗旨。新民主主义阶段，中国共产党的奋斗目标是为了人民的自由和解放，同时将人民看作实现革命胜利的可靠保证，"群众路线"就是我党不断实现奋斗目标的三大法宝之一。社会主义建设时期，中国共产党的目标是为了保证人民当家做主的权力和实现人民生活的改善。习近平新时代中国特色社会主义思想特别强调以人民为中心，"人民是历史的创造者，是决定党和国家前途命运的根本力量。必须坚持人民主体地位，坚持立党为公、执政为民，践行全心全意为人民服务的根本宗旨，把党的群众路线贯彻到治国理政全部活动之中，把人民对美好生活的向往作为奋斗目标，依靠人民创造历史伟业。"进入新时代，人民群众的美好生活是中国共产党的奋斗目标，人民群众又是实现这一目标的根本力量，这是习近平对传统"以民为本"思想和党的"群众路线"在新的历史阶段新的表述。

第三节　文化自信的现实功能

一、文化自信源于文化自觉及其功能衍生

任何社会都是多元力量的有机构成，行动者在多元社会力量的形塑下有多元品质或特征，行动者的主观界定不是私人性的，它以社会共识和社会协商为基础，认同必然是共识协商性的，或者说任何认同也都是社会认同（socialidentity）。作为社会性动物，人总是需要遵循一定的价值规则而与其社会成员和谐相处，文化在人的社会生活中起到凝聚社会共识、规范人们言行的价值功能，它可以理解为个体对社会界定其群体成员资格的认同与遵循。

自信源于自知，文化自信首先需要一种文化自我认知，自知基础上的文化自觉是形成文化自信的主观条件。文化是人们对于社会体系及其各个部分的态度，文化被内化于该社会成员的认知、情感和评价之中，文化表现为一种社会体系的主观心理部分，是社会行为的基础。费孝通先生曾经指出，文化自觉是"多种文化接触中引起人类心态的迫切要求""文化是人为的……它是依靠被吸收在群体中的人们所共同接受才能在群体中维持下去"。文化具有认知、情感和评价三种功能取向。按照阿尔蒙德和维巴在《政治文化》中的理解，所谓"认知功能"，是指"关于社会体系、体系的各种角色以及这些角色的承担者、体系的输入和输出的知识的信念"，所谓"情感取向"，是指"对于社会体系、体系中的各种角色、人员和活动的情感"，所谓"评价体系"，是指"对于社会对象的判断和见解，这些判断和见解涉及知识和情感的价值标准与准绳"。一个社会的文化功能在于赋予该社会系统以价值取向，规范个人社会行为，使社会系统保持一致。一个国家、一个民族如果对自身既有、传承、创造、发展的"文化的地位作用、文化发展的矛盾关系、文化自信的使命责任"等基本文化认知茫然无知、缺乏感悟、无法认同，则或因愚昧而受到文化盲目力量的支配和奴役，或因"文化自虐"而"不足以备使命"。

文化自信在深层次上是价值自信，价值自信的最高形式是理论自信。理

论自信与文化自信既有区别又有联系，理论自信规约着文化自信，文化自信包含着理论自信。马克思说："'价值'这个普遍的概念是从人们对待满足他们需要的外界物的关系中产生的"。文化作为价值，是一种选择取向，反映了人类的需求、欲望，以及实现这种需求、欲望的方式和态度。不论是马克斯·韦伯高度重视观念和文化在社会创造中的作用，还是涂尔干突出的强调文化、符号和仪式对维系社会所起的重要作用，抑或帕森斯将社会成员所共同具有并得以传播的基本价值观念和规范视为构建社会的关键性因素，无不印证了马克思主义的一个基本观点，即真理为人类文明提供了指导，更为人类社会提供了前进的动力。

新时代的文化自信源自我们对马克思主义理论的自觉与坚持。马克思主义是人类历史上最值得信仰的理论体系，其原因就在于它是真理，它所提供的科学的世界观和方法论是我们认识世界、改造世界的立场、观点和方法，是我们把握人类社会发展规律，明确人类社会未来形态的理论依据，是我们了解人生、确立目标的科学基础，是中国革命、建设和改革的思想与行动指南。马克思主义信仰的确立是人类思想史上一次伟大的革命性变革，认识、掌握、捍卫、追求马克思主义信仰的真理性是共产党人的政治灵魂和精神支柱，是中国共产党立于不败之地、永葆青春活力的根本所在。

文化所承载的思想与理论之生命力在于穿透时代问题，指导时代发展。推进理论和实践的创新，是习近平新时代中国特色社会主义思想真理力量展现的时代支撑。习近平新时代中国特色社会主义思想就新时代坚持和发展中国特色社会主义的一系列重大理论和实践问题阐明了大政方针，就推进党和国家各方面工作制定了战略部署，是我们党在新时代开启新征程、续写新篇章的指导思想。

二、文化自信的功能在于时代观照与价值共识

文化是民族的血脉，是人民的精神家园，也是政党的精神旗帜。我们党是一个具有高度文化自觉的马克思主义政党，在革命、建设、改革各个历史时期，都高度重视文化建设，充分运用文化引领前进方向、凝聚奋斗力量、推动

事业发展。

文化是凝聚人心的纽带，是引领前进的旗帜。文化最大的特质，就是具有极强的渗透性、持久性，像空气一样无时不在、无处不在，能够以无形的意识、无形的观念，深刻影响着有形的存在、有形的现实。对于一个国家、一个民族来说，文化始终是血脉和纽带，铭刻着一个民族的集体记忆，寄托着一个民族的共同追求，民族和国家的认同从根本上说就是文化的认同。我国的历史文化传统源远流长、博大精深，积淀着中华民族最深层次的精神追求，包含着中华民族最根本的精神基因，代表着中华民族最独特的精神标识。中华民族历经磨难而绵延不绝、生生不息，一个重要原因就是我们有深厚的文化传统、有高度的文化认同、有共同的精神家园。历史和现实告诉我们，文化是引领国家和民族前进的旗帜和号角，民族的觉醒首先是文化的觉醒，社会的进步总是以文化的进步为先导。近代欧洲一批国家的崛起可以说是源自文艺复兴，正是这场思想启蒙运动，将欧洲推向了世界文明发展的前列。近代中国重新踏上民族复兴之路，也正是从文化的觉醒、新文化运动的兴起开启的。当代中国所以能够创造令人瞩目的发展奇迹，很重要的一点就在于我们始终坚持和发展马克思主义，不断以思想上的新解放、文化上的新进步推动着事业的新跨越。事实证明，文化深刻体现着一个民族和国家的创造力生命力，是民族生存发展、国家繁荣兴盛的精神支柱和力量源泉。没有先进文化的积极引领，没有全民族精神力量的充分发挥，一个国家不可能兴盛强大，一个民族不可能屹立于世界民族之林。

文化是社会发展的动力，是文明进步的标识。物质财富和精神文化共同繁荣是社会文明进步的重要特征，经济、政治、文化、社会协同发展是现代化国家的必然要求。随着改革建设实践的不断深化，人们对文化功能定位的认识大大提升，越来越多的人认识到，文化不仅是现代化建设的重要保证，而且是经济社会发展不可或缺的重要内容和重要目标。实现科学发展、全面发展，需要文化有更大的繁荣进步。从文化在经济发展中的作用看，文化不仅直接贡献于经济增长，而且在提升发展质量中发挥着越来越重要的作用，文化资源日益成为经济发展的基础资源，文化消费日益成为拉动经济增长的重要引擎，文化产业日益成为经济结构调整和转变经济发展方式的重要着力点。只有当文化表现出更强大的力量的时候，当发展具有更多文化含量的时候，经济发展才能进入更高层次。从文化对社会和谐稳定的影响看，文化是"润滑剂""减压阀"，实现人与社会、人与自然、人自身的和谐，都离不开人文精神的培育、离不开优秀文化的滋养。特别是在经济转轨、社会转型加速期，如果不重视培育理性和谐的理念和精神，不注重人文关怀、心理疏导，就不可能有社会的和谐稳定。从文化在全面建成小康社会中的地位看，全面建成惠及十几亿人口的更高水平的小康社会，既要有发达的经济，也要有繁荣的文化，既要让人民过上殷实富足的物质生活，又要让人民享有健康丰富的文化生活。物质贫乏不是社会主义，精神空虚也不是社会主义。实现全面建设小康社会奋斗目标，顺利推进社会主义现代化，加快文化建设是题中应有之义。

文化是民生幸福的要义，是美好生活的保障。人创造了文化，文化也塑造着人。文化对人来说，是一种精神上的内在需求，普遍需求，也是终生相伴的需求。人们需要通过文化来启蒙心智、认识社会，获得思想上的教益，也需要通过文化愉悦身心、陶冶性情，获得精神上的满足和依归。精神文化上的充实和丰盈，始终是幸福生活和美好人生的内在要求。随着生活水平的不断提高，人们不再仅仅局限于吃饱穿暖等物质方面的需求，对丰富精神文化生活的期待更加迫切、愿望更加强烈，文化越来越成为保障和改善民生的重要内容。

文化是竞争优势的重要因素、是综合国力的有力支撑。当今世界，各种思想文化交流交融交锋更加频繁，文化在综合国力竞争中的地位和作用更加凸显，文化与经济相融合产生的竞争力越来越成为一个国家最根本、最持久、难以替代的竞争优势。有人认为，如果说过去国与国之间的竞争主要是经济、军事的较量，未来将以文化论输赢。现在，许多国家都把提高文化软实力作为重要战略，利用文化展示本国形象、拓展国家利益。经过多年发展，我国已成为全球第二大经济体，文化建设也取得了巨大成就，但我国文化的国际影响力与我国深厚的文化底蕴还不相称。对于发展中大国来说，如果没有自己的文化纲领、文化设计、文化理想，没有强大的文化软实力，要成为富强民主文明和谐的社会主义现代化国家是不可能的。只有树立高度的文化自觉和文化自信，加快构筑我们的文化优势，才能在激烈的国际竞争中赢得主动，维护国家利益和文化安全。

三、文化自信的精神传承要义在于引导发展

文化是有物质载体的人化的观念世界。马克思、恩格斯曾经说过："一切划时代的体系的真正的内容都是由于产生这些体系的那个时期的需要而形成起来的。"习近平总书记高度重视文化建设，构建了文化自信的理论体系。党的十九大报告强调指出："文化是一个国家、一个民族的灵魂。"在人类社会的发展中，文化触及人的"灵魂"，形成社会的"心灵的秩序"，彰显文化的自信吸引力。中国特色社会主义进入新时代，我们坚持并自信的文化是什么？或者说，究竟什么样的文化能够令我们自信？对此，习近平总书记在党的十九大报告中明确指出："中国特色社会主义文化，源自中华民族五千多年文明历史所孕育的中华优秀传统文化，熔铸于党领导人民在革命、建设、改革中创造的革命文化和社会主义先进文化，植根于中国特色社会主义伟大实践。"坚持社会主义核心价值体系，坚定社会主义文化自信，构成了习近平新时代中国特色社会主义思想的重要内容。中华传统优秀文化、革命文化和社会主义先进文化共同构建了习近平新时代中国特色社会主义文化的基本内容。

中华优秀传统文化是新时代中国特色社会主义文化的精神基因。中华民族在五千多年的文明历史中创造的灿烂的中华文明，为人类做出了卓越贡献。博大精深的中华文化，是中华儿女共同的精神基因，把我国56个民族、13亿多人紧紧凝聚在一起的，是我们共同经历的非凡奋斗，是我们共同创造的美好家园，是我们共同培育的民族精神。中华优秀传统文化是我们中华儿女的精神基因，是我们中华民族的精神家园，是我们引以为豪的社会主义文化，尤其是社会主义核心价值观的源头。今天，源远流长的中华优秀传统文化最终汇聚于习近平新时代中国特色社会主义思想之中，构成了中国特色社会主义文化的精神基因。

革命文化是新时代中国特色社会主义文化的红色基因。中国特色社会主义文化，是新时代执政的中国共产党的意识形态反映，是中国共产党的价值信仰载体，是激励全党、引领全国各族人民奋勇前进的强大精神力量。中国共产党的领导是中国特色社会主义最本质的特征，中国共产党的大无畏的革命精

神是中国特色社会主义文化最澎湃的基因。红色象征着革命,象征着热情、付出、流血与牺牲。中国革命历史是最好的营养剂,革命文化是我们党的宝贵精神财富。在我们比历史上任何时期都更接近、更有信心和能力实现中华民族伟大复兴的目标的新时代,我们更加需要弘扬革命传统、不忘初心,以革命文化补共产党人精神之"钙",以昂扬的斗争精神,以追求理想的执着毅力,以实事求是的科学态度,以艰苦奋斗的拼搏精神,以依靠群众的优良作风,引领、团结人民群众,决胜全面建成小康社会,夺取新时代中国特色社会主义伟大胜利,实现中华民族伟大复兴的中国梦。

社会主义先进文化是新时代中国特色社会主义文化的前进方向。马克思主义与中国新时代复兴发展的相结合,形成了习近平新时代中国特色社会主义思想,标志着世界科学社会主义的发展正在进入全新境界。习近平新时代中国特色社会主义思想深刻回答了新时代坚持和发展中国特色社会主义的总目标、总任务、总体布局、战略布局和发展方向、发展方式、发展动力、战略步骤、外部条件、政治保证等一系列基本问题,为中国特色社会主义先进文化注入了新的科学内涵,明确了社会主义先进文化建设的基本方略,提供了新时代中国特色社会主义文化事业的行动指南。新时代中国特色社会主义的伟大实践成就和思想凝练拓展了发展中国家走向现代化的途径和视野,给世界上那些既希望加快发展又希望保持自身独立性的国家和民族提供了全新选择,为解决人类问题贡献了中国智慧和中国方案。

习近平新时代中国特色社会主义思想是新时代指引中国特色社会主义伟大事业的根本价值体系。深入学习习近平新时代中国特色社会主义思想伟大思想,对于坚定文化自信、展现新时代中国马克思主义思想发挥着更强大、更有说服力的真理作用。习近平新时代中国特色社会主义思想植根于新时代中国特色社会主义新的伟大实践,提升了马克思主义新高度,开辟了中国特色社会主义新境界,深刻揭示了习近平新时代中国特色社会主义的本质特征、发展规律和建设路径。坚定文化自信,就是要以习近平新时代中国特色社会主义思想为我们的行动指南,以社会主义文化涵养民族精神,以文化自信坚定理想信念,以文化自信支撑政治定力,以文化自信彰显党的文化立场和文化追求,更好构筑中国精神、中国价值、中国力量,为人民提供精神指引。

坚持习近平新时代中国特色社会主义思想，更好地发挥思想对文化的引领作用，就要统一学习、统一把握、统一贯彻"八个明确"和"十四个坚持"。习近平新时代中国特色社会主义思想，从"八个明确"和"十四个坚持"，分别回答了新时代我们要坚持和发展什么样的中国特色社会主义和怎样坚持和发展中国特色社会主义。"八个明确"，主要从理论层面阐述习近平新时代中国特色社会主义思想的精神实质、丰富内涵与核心要义，是对我党长期以来坚持以科学理论为指导，坚持马克思主义执政党的远大理想、立党宗旨、指导思想不动摇，汇聚发展而成的一整套中国特色社会主义核心价值观。"十四条坚持"主要从实践层面回答怎样坚持和发展中国特色社会主义，构成新时代坚持和发展中国特色社会主义的基本方略和实践的指南，要求我们全面准确贯彻落实，以更好地推动党和国家事业打开新局面、开辟新境界。

在习近平新时代中国特色社会主义思想的指引下，坚持文化自信，就是要始终保持战略定力、政治定力，不断增强民族自豪感，就是要不忘初心、保持本色、面向未来，就是要坚持马克思主义的世界观和方法论，把马克思主义基本原理运用到新的历史条件下，在推进马克思主义中国化时代化大众化中发展马克思主义，以永不懈怠的精神状态和一往无前的奋斗姿态把中国特色社会主义推向前进。

四、文化自信理论具有划时代意义和真理的力量

习近平总书记在党的十九大报告中将文化的地位和作用提升到一个崭新的高度，他指出，"文化兴国运兴，文化强民族强。没有高度的文化自信，没有文化的繁荣兴盛，就没有中华民族伟大复兴"。这一思想高度凝练了文化的价值和文化自信的功能。在实现中华民族伟大复兴的梦想之中，中国特色社会主义文化承担着更大的责任和使命。

一种文化、一种理论要想发挥其信仰的作用，凝聚社会的力量，必须要提供一整套的科学而有效的价值体系，即吸引一个坚定的信仰行动者，确立明确的行动目的，谋划一定的行动情境，描绘明确的行动规范与价值取向。习近平新时代中国特色社会主义思想，具有划时代意义和强大真理力量，这是我们

新时代的信仰之源。高举习近平新时代中国特色社会主义思想伟大旗帜，能够树立我们对共产主义远大理想和中国特色社会主义共同理想的坚定信念，为决胜全面建设社会主义现代化国家、夺取新时代中国特色社会主义伟大胜利、实现中华民族伟大复兴的中国梦奠定坚实的信念支撑。习近平新时代中国特色社会主义思想以其强大的真理力量，激发出坚定的信仰力量。

真理的逻辑性与认识的可靠性是赋予真理以力量的内在缘由。真理在本来的意义上来说就是我们关于事物的真理，同时它与人的认识有关。马克思主义认为，真理的力量来自实践，真理的力量来自创新，理论是思想中的现实。恩格斯说："我们的理论是发展着的理论。"沿着马克思开辟的理论道路创新马克思主义，才能永葆马克思主义的生命活力，更为生动地彰显马克思主义的真理力量和道义力量。

真理的社会性或真理的规定性是赋予真理以力量的外在缘由。对真理的坚持，是在特定的价值导向下所产生的一种精神力量，这种力量能够把党的所有成员、党与人民群众聚合在一起，并逐步实现感情、理念、目标、行为等方面的相互认同，形成有机的总体，为共同目标与理想的达成而共同奋斗。坚定的共产主义信念和运用马克思主义基本原理和方法来认识和分析问题，是马克思主义真理的价值所在。真理的社会性或真理的规定性体现在真理的凝聚力上。坚定的理想信念催生良好的道德水准，而理想信念的坚定，首先来自理论上的清醒。以习近平新时代中国特色社会主义思想为指导，加强修养，牢固树立马克思主义的世界观、人生观、价值观和正确的权力观、地位观、利益观，才能打牢思想政治基础，牢筑思想政治防线。

勇于坚持真理，是习近平新时代中国特色社会主义思想真理力量展现的澎湃动力之源。习近平新时代中国特色社会主义思想真正科学地揭示了研究新时代的运动规律，即我国社会主要矛盾已经转化为人民日益增长的美好生活需要和不平衡不充分的发展之间的矛盾。我国社会主要矛盾的变化是关系全局的历史性变化，对党和国家工作提出了许多新要求。

牢固树立对习近平新时代中国特色社会主义思想的自信，有利于全党全国人民形成团结奋进的共同思想基础。理论自信，实际上是对中国特色社会主义理论体系这一行动指南的高度认同，它内在包含着对中国特色社会主义的基本路线、基本纲领、发展动力、发展战略、党的建设等思想的自信。

习近平新时代中国特色社会主义思想为我们描绘了明确的行动规范与价值取向。行为是先进性的最终检验，在行为中获得评价和验证。行为是先进性严峻的战场，先进性要在行为中接受锤炼，并在行为中不断丰富、完善和发展。"信仰马克思主义"这一命题，就是突出强调对待马克思主义的态度，不仅是个认知问题，更是个立场和思想感情问题，是"知行信的统一"，只有"信仰"才能准确表达这一内涵。强调马克思主义不仅能解决阶级解放和民族独立、振兴问题，也能解决个人生命的不朽和终极关怀问题。

第二章 优秀传统文化的基本认知

第一节 优秀传统文化的主要内容

中华优秀传统文化就内容而言，基本包括哲学思想、人文精神、道德理念三个方面。就特征来看，中华优秀传统文化重人伦道德、讲经世致用、求贵和尚中。

一、哲学思想

一般来说，哲学是一种文化的核心。以下主要从哲学的基本问题，即世界观、价值观、思维方式这三个方面对中国传统哲学中的精华进行阐述。

在世界观上，中国传统哲学有着区别于宗教神学的唯物主义传统。从天地万物的起源来看，古代哲人对何为万物始源问题的回答虽名称不同，但均是物质的形态。例如：道家认为"道"乃万物之始，认为"道"是独立世间的客观存在，是构成天地万物共同本质的东西；宋明理学家张载、王夫之认为"气"是物质的本原，"气"即使脱离了人的环境，也是在世界上存活着的。此外，还有"太极""五行"生成万物说等，都认为我们生活的世界是以物态的形式存在的。在世界处于何种状态的问题上，中国传统哲学认为世界总是处于变动中，如庄子认为，物质的产生，或急或缓，总处于变化中。总的来说，中国哲学对于世界的认识虽然还是朴素的、直观的，但与宗教神学中认为神创造万物的世界观来说无疑是一种进步的思想，在唯物主义哲学的发展过程中也起着重要作用。

在价值观上，儒家主张道德至上论，以"崇德重义"为价值观念，其最高的价值标准是"和谐"，即充分发挥道德的作用来达到人、己、物、我的和谐。在先秦儒家的价值观里，在强调重德、重义的同时会给予利与力一定的地位，但是在后来的发展中，越来越认为有义、有德时，容不得利和力的存在，形成重义轻利、崇德贱力的片面看法。而法家崇尚竞争，讲究法治，彻底否定道德的价值，其价值学说与儒家完全对立。墨家的价值观念比较全面，认为义与利、力与德相统一，但在论述时是站在小生产者的立场上，因而其学说也有偏颇之处。汉武帝以来，在所有思想观念中起支配地位的是儒家理念，从而更加强调义与德的重要性。在今天，继承中国传统哲学中的价值观，应做理性的分析，吸取各家的精华，只有站在马克思主义的立场上，将义与利、力与德相统一，将追求和谐理念与发扬斗争精神相协调，才能形成正确的价值观。

在思维方式上，中国传统哲学"重和谐、重整体、重直觉、重关系、重实用。"重和谐指追求世间万物和平相处。重整体是强调从大局去看待世间万物。重直觉有体道、尽心、体物三种方式。老庄主张直接感觉客观万物本原的道，带有神秘主义色彩。而孟子、程颢、陆九渊是反求于内心，强调自省的作用。程颐、朱熹主张"即物而穷其理"的方法，即通过对事物的观察、辨析，来达到顿悟式的直觉。重关系是指世间万物是普遍联系、相互作用的。重实用是指中国古代哲学家研究的问题都与现实生活有关，注重实用性。在中国传统哲学这几大思考方法的影响下，中国古代社会实现了长期的稳定发展，在农业、医学等应用科学上取得了显著的成就，这五大思维方式对于今天建设和谐社会、加强顶层设计及推动科学技术发展具有一定的意义。但在另一方面，中国传统思维方式中也有忽视矛盾斗争性、缺少理论体系构建和逻辑论证推理的缺陷。由此可见，中国传统思维方式也包含一定的局限性，我们应客观看待其优缺点，取其合理内核。

二、人文精神

人文精神是一种人类对自己的深刻关切，我国古代思想中包含着深厚的人文精神，主要体现在对人的地位、作用的肯定及对人的理想人格塑造之上。

在人的地位上，儒家认为在四方宇宙中，人处于最高位置，从而将人定位为国之根本。例如，荀子将人与水火、草木、动物进行对比，认为在六合天地间，人具有特殊的作用，是最为可贵的。老子也肯定人的地位，将天、地、人三者联系起来，把人也看作是自然系统中不可或缺的要素。

在人的作用上，人具有主观能动性，能够"赞天地之化育"，与天地"相参"。虽然古人有"敬畏上天"的精神信仰，但对天并不是盲目迷信，而是顺应自然为人类所用。荀子所说："制天命而用之。"就是这个意思。另外，由于人是天地化生的最高物种，能够以诚充分实现自己的天性，进而帮助万物淋漓尽致地展现禀赋，从而自立于天地之间。

在对人的理想人格塑造上，君子品格是古代世人都向往拥有的。"礼乐政刑"是理想人格塑造的主要方法。何谓君子《礼记·曲礼》曾说："博闻强识而让，敦善行而不怠，谓之君子。"何谓"礼乐政行""礼"以"仁"为内涵，是"仁"的外在呈现方式，主要通过对自我的约束来提升自己的道德涵养。"以礼立人"首先需要以经学典籍的形式告诉人们应当怎样做，如《周礼》《礼记》《仪礼》三部典籍记录了人们日常的行为规范及婚丧嫁娶等礼仪步骤。其次，将文本上的行为规范转化为实践才是"以礼立人"的完成。"乐者，天地之和也。"儒家认为音乐有促进自然、人心、社会之和的功能，如《尚书·舜典》所说"八音克谐，无相夺伦，神人以和。"出神入化的音乐旋律美妙无限，自然可以与天地自然相通，教化人心进而推至社会群体，促进社会和谐。而"政"侧重于治国理政方面，强调为政者的榜样作用。但人性也有恶的一面，只靠前三者远远不够，"刑"就是惩恶扬善的重要手段。"刑"不仅指的是刑罚，也指法制教化。法家是主张刑罚与法治的代表，如韩非子认为品德是难以平天下的，只有威严和权势可以禁止暴乱。儒家也融合了法家的思想，将德与法相统一。中华优秀传统文化就是通过"礼乐政行"的方式，教化百姓，培养泰而不骄、和而不同、贞而不谅的君子人格。

三、道德理念

"道德"指"道"的品性。"道德"不仅存在于大自然中，人类社会也应遵从"道德",人类社会的"道德"表现为遵守的原则。

中国传统道德理念名目繁多、内涵丰富。经历了商代"六德"、先秦儒家"四德"、汉代"五常"、宋元"八德"的发展,而现当代学者更是从忠、孝、和等13个方面总结中国传统道德的核心理念。拿其中具有代表性的几个理念来说,"仁"是儒家思想最核心的范畴,儒家的"仁"体现了对个人与他人的人格、生命的尊重和关怀。"义者,宜也。"指适宜、合宜、恰到好处。儒家对"义"的解释主要在道德层面,提倡"见利思义"、"舍生取义",其顺承于天应民之急,体现了古人对公平、正义的追求。"忠,敬也,尽心曰忠。"[1]先秦儒家的忠是以维护国家、民族利益为前提的忠,但在发展的过程中出现了"愚忠"的行为。在今天,继承发展忠的思想,应摒弃其封建落后的一面,将其积极意义与爱国、爱民族联系起来,坚定人们的爱国主义之情。"信"常表示诚信,包括"以信立身"和"以信待人"两大方面,"以信立身"是诚于自己的内心,是自我修养的完善;"以信待人"是对待他人的要言出必行。这些优秀的道德理念虽已十分久远,但它流淌在中国人的血液中,其合理部分对于今天提升个人品德、促进社会和谐仍发挥着重要作用。

第二节　优秀传统文化的基本特征

一、统一性与多样性相结合,具有较强的包容性和同化力

中国传统文化既具有连续的统一性特征,又具有多样性的民族文化传统。中国文化的形成与发展是建立在周边游牧文化与中原农耕文明冲突与融合的经济基础之上,在其历史发展的长河中逐渐形成了一个以华夏文化即汉族文化、中原文化为中心,同时汇聚了国内各民族文化和周围地域文化的统一性与多样性相结合的发展态势。

古代社会的中国应该说是一个有着较强包容性和同化力的国家,主要体现三个方面:一是政治上的集权主义,夏朝建立以前,中国就有很多各自独立的部族势力,经尧舜禹三代的精心统治,以黄河流域为中心的中原地带已趋于

统一，从殷到周，统一势力逐步扩大，到春秋战国时期，争霸称雄的诸侯国通过兼并战争完成了地区性的统一，为中国未来统一所奠定的一个基本格局就是不以种性分割天下，而以天下包容民族；二是民族内部的融合和同化，中国历史所谓的南蛮、北狄、东夷、西戎的传统说法，是各族经过夏商周2000多年的不断融合，中国文化逐渐吸收融合了中原文化、荆楚文化、巴蜀文化、吴越文化，形成了共同的语言、经济活动和价值观念、心理特点等。秦汉以后，由于中国出现了全国统一的封建政权，在政府的统一管理下，各民族之间融合的步伐大大加快，比较著名的就是张骞出使西域，加强了汉朝和西域的密切联系，隋唐以后，各民族之间融合的步伐一直没有停止；三是对外来文化的兼容并蓄，如印度的佛教、伊斯兰教文化，西方的基督教文化及自然科学等都大量的涌入中国，并为中国所接纳，融入中国传统文化之中，体现了中国传统文化汇集百川优势、兼容八方智慧的显著特点。

二、继承性与创新性相统一，具有强大的生命力和凝聚力

英国著名历史学家，阿诺尔德·约瑟·汤因比把6000年的人类历史划分为21个成熟的文明，这其中包涵了四大文明古国的文化形态，即古埃及、古巴比伦、古印度和古代中国文化。在这四大古文明中，只有中国传统文化成功地保存和维系了中华民族的持续发展，经久不衰，展现着它所具有的顽强生命力和凝聚力，这正是中国传统文化的一个重要特征。

中国传统文化强调前代文化遗产的价值，充分宣传传统本身得以存在和发展的合理性。虽然它也有跌宕起伏，并面临多次挑战，但一次又一次表现出顽强的生命力，成为世界上罕见的不曾灭绝过的古老文明。以古代中国的学术思想为例，先秦的诸子百家、西汉经学、魏晋玄学、隋唐佛学、清代朴学此起彼伏，不断发展，使得中国千年的文化得以延续。由于中国传统文化已形成自我发展规律和内在逻辑联系，有较为明确和适当弹性的质的规定性和自我完善的机能，在及时地吸取时代精神要义的基础上，不断地实行自我革新、自我完善，适时地进行独立的发展，成为影响社会历史发展，支配人们思想行为和日常生活的强大精神力量。

三、以积极入世的儒家思想为核心

中国传统文化是一个庞大而复杂的文化体系，儒家文化占据着主导地位，众多学者也将儒家文化作为中国传统文化的代表。儒家思想也称为儒教或儒学，由孔子创立，逐步发展为以尊卑等级的"仁"为核心的思想体系，即"君君、臣臣、父父、子子、兄兄、弟弟、夫夫、妇妇"的礼治主义。孔子把"仁"作为最高的道德原则、道德标准和道德境界，倡导血亲人伦、现世事功、修身存养、道德理性，形成了以"仁"为核心的伦理思想结构，包括孝、弟（悌）、忠、恕、礼、知、勇、恭、宽、信、敏、惠等内容，其中孝悌是仁的基础，是仁学思想体系的基本支柱之一。儒家文化积极提倡"德治"主义，主张以道德去感化教育人，这种教化方式，是一种心理上的改造，使人心良善，知道耻辱而无奸邪之心，这是最彻底、根本和积极的办法，非法律制裁所能办到。"仁"是儒家学说的核心，对中华文化和社会的发展产生了重大影响。

四、重伦理、讲修养，倡导道德至上

中国传统文化是种伦理型文化，是一种"崇德"型文化，中国传统文化最重要的社会根基，是以血缘关系为纽带的宗法制度。梁漱溟在《中国文化要义》一书中指出："家庭生活是中国人第一重要的社会生活；亲戚邻里朋友是中国人第二重的社会生活"，个人被重重包围在群体之中，父慈、子孝、兄友、弟恭的人伦关系是宗法观念的核心，孝道是最基本的原则，所以中国的文化是"孝的文化"。《论语》中讲"入则孝，出则悌，谨而信，泛爱众，而亲仁，行有余力，则以学文！""君子务本，本立而道生，孝悌也者，其为仁之本欤！""老吾老以及人之老，幼吾幼以及人之幼""己所不欲，勿施于人"等都体现了应该如何正确地处理个人与社会、个人与他人之间的关系。个人修养上，中国传统文化特别重视个人的道德修养和人格完善，以"圣人"为最高的理想境界，所以《大学》提出，"修身、齐家、治国、平天下"。在中国的传统文化中，重伦理、倡道德始终处于核心地位，德教为先，育人重德，是中国传统文化最显著的特征。

五、讲求天人合一，注重和谐与融合

张伤年认为，中国传统文化中有一个一以贯之的东西，即中国传统文化比较重视人与自然、人与人之间的和谐与统一。中国传统文化重和谐与融合的特点，首先体现为人与自然的和谐，古代的思想家曾提出了"天人协调"的观点，《易传·序卦传》中讲"有天地，然后有万物；有万物，然后有男女；有男女，然后有夫妇"，这就肯定了人是自然界的一部分，与西方文化中将自然看成是与人截然对立的两个方面有着本质的不同，汉宋以后，又有了"天人合一"的提法，指出人生的理想是天和人的协调；其次，中国传统文化重和谐的特点还体现在人与人的关系上，主张"贵和尚中"，孟子提出"天时不如地利，地利不如人和"，人和是取得事业成功的必备条件同时指出和谐不是等同，它并不排除差异，孔子曰"君子和而不同，小人同而不和"，只有社会中有不同的思想相互交流才能构成和谐，否则一味地趋同，只能是小人的世界。中国传统文化提倡"中庸之道"，强调人们在为人处事上思想和行为的适度和分寸，到达人与人之间和睦相处的完美境界。

第三节 文化自信与优秀传统文化的内在关联

一、文化自信是传承发展中国优秀传统文化的航标

鸦片战争以来，如何对待传统文化的问题，始终困扰着中国人，文化自信理念的提出，不仅回答了要不要传承中华传统文化的问题，同时回答了传承什么样的传统文化的问题，它似大海上的航标，为迷失的巨轮指引了方向。

在要不要传承中国传统文化的问题上，文化自信的提出有利于化解"传统"与"现代"的紧张，召唤中国传统文化在当代的回归。回顾我们民族文化

的生长脉络，经历了自信、自卑再到如今重新建立起自信态度的过程。明中期以前，中国是经济大国同时是文化大国，史书典籍、绘画艺术、诗词歌赋，不仅在中国文化史上写下了动人的诗篇，同时在东亚文化圈乃至全球文化发展史上绘上了美妙绝伦的画作。可以说，在近代以前，中华民族对于自身文化是怀有足够的信念的。但是，自鸦片战争，西方文化的繁荣发展无疑给了当时人们以巨大打击，处于生死存亡中的人们开始怀疑自身的文化理念，并对其感到自卑，尤其是在"五四"新文化运动前后表现得愈加强烈。"五四"新文化运动作为一场社会启蒙运动，其拥抱"新"文化、批判"旧"文化的理念，对于解放思想的积极意义必然无可厚非。但在另一方面，"五四"时期一些文化激进主义者将"传统"与"现代"对立起来，这完全否定了传统文化具有现代转化的能力，对于传统文化产生了巨大的伤害。虽然，今天中国已经不同往日，经济实力大幅跃升，但在文化方面，历史所遗留的文化自卑心态仍然存在，阻碍了中华传统文化的内在价值在当代的发挥。而文化自信命题的提出恰恰是对中华传统文化价值的肯定与确信，是对"传统—现代"两者的超越，有利于让中华传统文化重回当代社会价值体系，为当代社会的发展提供源源不断的方法与智慧，让人们都能在遵循规则的前提下实现和平相处。

在传承什么样的传统文化的问题上，文化自信有助于正确看待我国古代思想文化的两面性，传承发展其中的优秀部分。文化自信要求对民族文化有科学的认知，自然而然地包含着对传统文化的理性判断、辩证取舍。一种思想受其产生环境的影响，必然存在一些缺陷。我国古代思想文化也是如此，它经过上千年的生长发育，盘根错节、错综复杂，必然是精华与糟粕并存。其中，既有类似于关怀劳苦大众、尊敬父母老人、诚信待人做事等优秀的思想理念，但也存在安土重迁、封建迷信等传统陋习。传承中国传统文化对于民族发展来说本是一件好事，但在此过程中还是有部分人没有认识到中国传统文化的两面性，把提倡封建迷信、陈规陋习当作是在传承中华传统文化，这不利于民众科学认识中国传统文化。只有树立文化自信的意识，才有利于理性、全面地看待我们的历史文化遗产，保留合理之处，摒弃不合时宜的地方。

二、中国优秀传统文化是夯实文化自信的根基

首先,从纵向维度上看,我国文化源远流长,是坚持文化自信的根源。文化自信要有一定的底气作为支撑,这个底气首先需要有时间的沉淀。从时间上看,我国古代思想文化积厚流光,自殷周时期已开始孕育萌芽。虽然历经社会动荡、朝代更迭及近代民族罹难,仍然以其强大的毅力存活至今,经久不息。这样能够持久不衰的民族文化在世界上是独一无二的。

其次,从横向维度上看,我国文化自具特色,是树立文化自信的基础。世界文化丰富多样,一些文化多从他受,而中国文化独自创发,自成体系,具有鲜明的民族个性。在物质层面,秦砖汉瓦、笔墨纸砚、青花粉彩无不彰显中国文化的独特魅力;在制度层面,大一统政治体制、科举制度展现了中国文化的治理效能;在精神层面,儒释道所论的修行境界体现了中国文化深邃的人生智慧。这些都足以让我们在世界文化之林中有理由坚定自信。

最后,从价值维度上看,我国文化影响深远,为厚植文化自信提供文化共识。中国人思考的方式、在价值上的选择及做事的方法在一定程度上有着相似性,这是因为我们在不知不觉中都受着古代观念的影响,如"天下兴亡,匹夫有责"的爱国理念、"威武不屈"的自强精神、"人无信不立"的诚信品质、"知行合一"的认识论思想、"老吾老以及人之老,幼吾幼以及人之幼"的社会风气等。这些价值理念不仅在古代为中国人所遵循,在新时代仍然植根于中国人的心中。一个民族的文化只有被生活在这里的族人接受、尊重、认同,才能有底气讲文化自信。

三、将中国优秀传统文化置于中国特色社会主义文化自信中

中国优秀传统文化与革命文化、社会主义先进文化相统一,共同构成中国特色社会主义文化的基本内容。今天我们讲的文化自信,不仅是对其中一种文化的自信,而是对这个文化整体的自信。热爱、敬重我们的历史遗产固然是一件十分要紧的事,但若过度推崇,就会陷入"文化复古情节"和"传统文化

救赎论"的巢穴。因而,要想准确把握古代文化遗产的地位与价值,必须讲清楚其与其他两种文化之间的关系。

这三种文化是古今相通的。中华优秀传统文化代表着中国文化的古代形态,虽成于古代却影响至今,充盈着中华民族在漫长历史实践中淘洗、沉淀出的民族智慧,其知行合一、和而不同、仁爱友善、敬业奉献等丰富的精神内涵深深沁入中国人的心灵。革命文化、社会主义先进文化代表着中国文化的近现代形态。其中,革命文化是中国共产党在与敌人作战时期,带领人民形成、培育的精神气质、价值追求。在马克思主义的指导下,革命文化对传统思想进行了改造、发展与升华,如"实事求是"思想就体现了古代思想在战争时期的进一步深化和拓展。社会主义先进文化是与当今时代相契合的文化,如航天精神、抗疫精神,不仅体现了当今的社会风貌和时代精神,而且完美地诠释了传统思想观念。

总之,中国特色社会主义文化三个组成部分之间并不是彼此割裂的,而是古今相通、相互联系的,后者是前者的赓续发展。因而,在文化自信语境下对中华优秀传统文化的肯定,不是过度强调和推崇一种文化,而是对中国特色社会主义文化的整体自信。

第三章 用优秀传统文化培育文化自信

第一节 优秀传统文化培育文化自信的可行性

近代以来,特别是20世纪80年代中后期以来,弘扬优秀传统文化逐渐升温,但由于传统文化遭受过多的批判和质疑,很多人对用优秀传统文化培育文化自信仍然信心不足。因此,我们有必要对用优秀传统文化培育文化自信的时代境遇进行分析和阐释。

一、当代社会文化自信不足现象

实际上,目前中国还存在着文化自信缺乏的现象。这种现象在很多方面都有体现,如民族文化认同感较低、文化忧患意识淡漠、文化消费心理失衡等。

(一)民族文化认同感低

民族文化认同感低是文化自信不足的一个主要表现。作为一种心理活动和价值体认,文化认同感是受多方面因素影响的,盲目崇外、盲从外来文化是造成传统文化认同感低的主要原因之一。受外来文化,特别是西方文化的影响和冲击,一些中国人的文化思想和价值观发生了潜移默化的变化。盲目崇外现象近年来虽大为改观,但仍然存在,导致人们对本民族历史文化认知积极性减弱,对外来文化过分推崇。在中西文化比较中,将中西文化的差异性误判为文化差距,以此为标准对文化的先进与落后做出判断,导致思想偏差,这与近代以来部分人在学习借鉴西方文化过程中形成的盲从心理有关。盲从外来文化,其实质就是文化不自信,甚至可以说成是文化自卑,对自身文化持有一种轻视、怀疑的态度,认为中国传统文化不如外来文化,例如:很多年轻人对圣诞节、感恩节、情人节等国外节日如数家珍,对民族节日地历史由来和蕴含的民族精神日渐淡忘;好莱坞欧美影片的国内票房居高不下;西餐、洋快餐广受年轻人的喜爱等。更糟糕的是一些年轻人在西方文化价值观的影响下,出现了拜金主义、功利主义、历史虚无主义等倾向,严重地阻碍了他们的身心健康发展。近年来,中国人的文化自信不足现象已有所改观,对于西方文化的盲目崇拜少了,理性分析和客观评价多了;对待西方文化的态度上妄自菲薄少了,民族文化自觉和文化自信多了。

此外,现代生活的快节奏和互联网时代碎片化信息的冲击是导致传统文化认同感低的另一个主要原因。中华优秀传统文化是中华民族几千年来的思想积淀和文化精粹,具有较高的精神立意和浓厚的人文气息。若想真正领悟其精华要义,品味其流觞之美,需要一定的知识底蕴和思想阅历,更需要平心静气的思维聚焦和心无旁骛的潜心钻研。然而,快节奏的当代生活、网络和智能手机带来的信息大爆炸及知识的碎片化使人们难以拨冗品味经典,感受其文化魅力也愈发困难。因此,有些人因接触不到传统文化,进而不了解其思想精髓和精神要义,便误以为中国传统文化已经失去时代价值。

(二)文化忧患意识淡漠

文化"忧患意识"在近代才被真正明确地提出。1840年,当时的一些思想家、文学家窥见封建帝国大厦轰然倒塌之前砖飞瓦崩的一瞬。作为一种意识主体的积极活动,他们对世事令人叹服的预感,往往通过浓重的忧患意识呈现出来。已收集的资料表明,文化忧患意识最早是由徐复观在《中国人性论史·先秦篇》中率先提出的。他说:"忧患意识乃人类精神开始直接对事物发生责任感的表现,也即是精神上开始有了人的自觉的表现。"在徐复观的界定中,"责任感"是关键词。徐复观认为,忧患意识是中国文化发展的内在动力,推动了中国文化的形成和发展,激发了中国知识分子的责任感与创造力,使他们致力于弘扬中国文化,造福中国民众。忧患意识在中国传统文化中也有大量的体现,如孔子所说的"人无远虑,必有近忧"(《论语·卫灵公》)孟子所说的"生于忧患而死于安乐"(《孟子·告子下》)等。许多西方思想家对忧患意识也有论述。海德格尔在《存在与时间》中追问何为本真的生活，他的结论就是"面对死亡的谋划"。人正是在对自身是有限存在者的忧患意识中，建立起有意义的人生。

改革开放以来，我们抢抓世界发展机遇，并取得了辉煌的经济成就，但有没有可能因此沉浸在改革开放所取得的巨大成就的喜悦中而淡漠了忧患意识呢？

事实上，当代文化忧患意识淡漠现象仍然存在。例如盲目乐观，对自身文化过分自信，甚至自负，在弘扬优秀传统文化时不加甄别地将传统思想中的糟粕一同加以宣扬，忽视对传统文化的创造性转化和创新性发展，导致中国特色社会主义文化的发展根基不牢，后劲不足。再如，对世界文化激荡带来的冲击和挑战认识不足，忽视民族文化的传承与发展，在摒弃传统文化糟粕时，将传统文化全盘否定，走向另一个极端——"文化虚无主义"。文化虚无主义的特征是对传统文化持完全否定的态度，否定传统文化的一切价值，蔑视贬损任何主流和权威，最终造成价值无序、道德滑坡、信仰危机及思想迷茫。一旦陷入这种非理性状态，我们对优秀传统文化的弘扬便会受到严重影响，进而丧失文化自信。因为文化自信意识与文化忧患意识是辩证统一的：自信意识是基于忧患的自警自励；忧患意识是基于自信的居安思危。

（三）文化消费心理失衡

马克思主义的唯物史观告诉我们社会存在在社会生活中起决定性作用。封建社会进入现代社会的一个显著标志是"庞大商品的堆积"（《资本论》）。坚实的物质基础实现了"以物的依赖性为基础的人的独立性"（《1857—1858年经济学手稿》），使广大人民从为了生存而必须从事的物质生产中获得了极大的解放。人们的自由时间越来越多，消费结构也发生了很大变化，文化消费成为其中的一个重要方面。改革开放以来，随着我国经济增长驶入快车道，人们的物质生活得到丰富和发展，精神文化消费也不断提高，文化消费的相关研究也逐渐成为焦点问题。2019年2月28日，国家统计局公布了《中华人民共和国2018年国民经济和社会发展统计公报》，其中显示2018年全国居民人均消费中教育文化娱乐消费达到了2226元，占11.2%。这种变化要求我们准确地理解文化消费的内涵。尹世杰以马克思主义理论为基础，提出了

"精神文化消费"。尹世杰认为，"精神文化需要，主要是享受资料、发展资料的需要。"这种文化生活需要或自身发展需要主要包括对教育培训的消费需求，对娱乐休闲的消费需求，以及对文化、艺术、精神追求的消费需求。所以说文化消费的内涵主要集中在人们的精神文化方面，文化消费，主要是指人们为了满足自己的精神文化生活而采取不同的方式来消费精神文化产品和精神文化服务的行为。

文化消费心理就是针对文化消费的内容进行选择时的心理状态，如面对传统文化和西方文化时，我们的心理更倾向于何种选择。当今，有些中国人热衷于"去中国化""去主流化"，一味追捧国外作品，文化消费心理严重失衡。此外，在很多消费领域里，相当一部分比例的人只选择那些国外的知名品牌。各种媒体频频出现有关国外购物的旅游团体和游客狂热追求西方名牌消费品的报道，这些都表明当前我国仍存在文化消费心理失衡状态。

二、文化自信不足的传统文化原因

文化自信不足会产生许多副作用，如会陷入对优秀传统文化的轻视，丧失民族主体性，中华民族伟大复兴中国梦的实现缺少智力支持等。弄清楚文化自信不足的原因是解决这一问题的前提。当今文化自信不足是由多方面因素造成的，传统文化原因是其中一个重要方面，如对传统文化缺乏认知、认同及创新转化不足等，应引起足够的重视。

（一）传统文化认知较为薄弱

当前，我们传统文化认知积极性不高的现象仍普遍存在。原因是多方面的，有历史原因，也有现实原因，有经济方面的原因，也有政治方面的原因，但最主要的原因还是对传统文化缺乏深入的了解。

近代，我国一批先进知识分子和革命志士努力寻求救国图强之路，对中国落后的根源——封建旧礼教、旧道德、旧思想、旧文化等进行了激烈的批判，对封建思想的桎梏进行了猛烈的抨击。在此过程中，有人将旧文化误解为就是传统文化，应全面否定，坚决摒弃，这种错误的认识客观上阻碍了传统文化，特别是优秀传统文化的继承和发扬。

改革开放以来，我们的当务之急是发展经济，使中国人民尽快富裕起来，靠的是科学技术。从此，各类教育机构几乎变成了学习西方科学的职业培训基地，客观上又一次淡化了对传统文化的认识。当今，世界各国在政治、经济、文化等方面的交往更加频繁，但更多体现在经济方面。传统文化产生于自然经济基础上，人们往往误以为它与现代市场经济关系不大，且传统文化很少能直接带来经济效益，因此传统文化的经济价值往往被人们忽视，致使对传统文化认知积极性弱化。

（二）传统文化意义认识不够

对传统文化意义认识不到位也会导致人们对传统文化的不自信。如果我们未认识到优秀传统文化的价值和意义，那么通过优秀传统文化来培育文化自信必然无法践行。

一方面，我们对优秀传统文化的育人意义认识不足。文化的意义首先在于"以文化人"，即通过文化教化人，使人心智健康成长。从根本上说人是动物的一种，因此具有很多动物的特征。动物的全部活动几乎都围绕如何使自身生存下来，表现为单纯的趋利避害。荀子将动物式的趋利避害称之为"恶"，由此也提出了"人之性恶明矣"的判断。如果荀子的性恶论是正确的，那么没有文化的育人过程，动物性的"恶"则会滋生蔓延，世界则会变得愚昧野蛮。传统文化不仅能够教人克服"恶"，而且在很多品质方面都有着充分的育人功能。比如：劝导人积极上进的"天行健，君子以自强不息"；劝导人孝顺父母的"孝"文化；劝导人诚实、自律、中庸、干净、明礼；等等。看不到传统文化的育人意义，直接导致无法通过优秀传统文化培育出文化自信。

另一方面，我们对优秀传统文化在治国理政方面的意义认识不足。客观地讲，中国人对传统文化治国理政思想的当代意义重视不够，主要原因在于传统文化产生于封建专制社会，带有封建主义思想，为封建专制社会服务，导致人们误以为它无法适应当代社会，在一定程度上淡化了传统文化在治国理政方面的涵养价值。但事实上，正如习近平总书记所说，传统文化不仅可以为人们认识和改造世界提供有益启迪，为道德建设提供有益启发，也可以为治国理政提供有益启示，如优秀传统文化中的"先天下之忧而忧，后天下之乐而乐"的担当精神、"苟利国家生死以，岂因祸福避趋之"的报国情怀、"安不忘危、存不忘亡、治不忘乱、居安思危"的忧患意识等，都有利于我们培养爱国主义精神，实现国家的长治久安。"以和为贵""和而不同""睦邻友邦""天下大同"等理念为维护世界和平，构建人类命运体提供了丰富的思想资源。"重义轻利""富贵不淫"的道德品性有利于我们加强公民道德修养，树立良好社会风尚。因此，不应过度强调传统文化发起于我国的封建社会而忽视它在当今治国理政中的作用。中国特色社会主义道路的选择就是从历史传承和文化传统中走出来的，中国传统文化的思想力量和智慧支持也必定为实现我国治理体系和治理能力现代化做出更大贡献。

（三）传统文化创新转化不足

习近平总书记在多次讲话中提到对传统文化要创造性转化、创新性发展，这一观点已构成习近平文化观的一个重要方面。

传统文化只有随社会发展不断创新转化，才能永葆生命活力，才能真正用以培育文化自信。对那些经过改造能够为现代化建设服务的优秀传统文化，不能全部继承，也不能全部抛弃，而是要推陈出新，进行创造性转化。毛泽东同志以"推陈出新"四字精辟地阐释了对传统文化进行创新性转化的原则。所谓"推陈"就是要重视传统文化的价值，所谓"出新"就是要对传统文化进行创新性转化。传统文化只有展现出传承创新的样态才能彰显自身旺盛的生命力，才能够有效地提升文化自信。在当今全球文化竞争的年代，传统文化能不能进行创新性转化，是关系到我们能不能确立起文化自信的决定性因素之一，其重要性不言而喻。

传统文化进行创新性转化并不仅仅是一种主观的愿望，而是源于时代发展对文化求新的要求。对此马克思揭示得最为深刻："理论在一个国家实现的程度，总是取决于理论满足这个国家需要的程度。"由此可见，对传统文化的创新性转化与马克思主义理论有高度契合之处，也是当下发展中国特色社会主义文化的一个重要命题。当今，我国大力提倡弘扬中国优秀传统文化，习近平总书记适时提出对传统文化创造性转化和创新性发展的思想，为资源形态的中国传统文化转化为价值形态的当代中华文化提供了遵循的原则，为中国特色社会主义文化自信的培育提供了更好的传统文化支撑。虽然已有许多研究者对习近平总书记的这一思想进行了深入思考和精准阐释，但深度和广度均有提升的空间，理论资源仍有待丰富，实践跟进更需努力。

三、用中国优秀传统文化培育文化自信的可行性

传统文化产生于封建专制社会，当今我国是民主的社会主义国家，社会性质的根本变化使人们产生这样的疑问：传统文化在当代社会有用吗？在新的历史发展时期，它又扮演什么样的角色呢？事实上，封建专制社会只是历史长河中的一个发展阶段，与其他历史发展阶段之间存在不可割裂的关系，因为社会具有历史的连续性；文化作为思想层面的上层建筑本身具有相对的独立性，如传统文化中蕴藏着不受时代限制的持久价值，成为新时代文化发展的不竭动力；此外，历史实践中也不乏将优秀传统文化应用于现代社会发展的成功经验，如东亚儒家文化取得巨大成绩足以证明这一点；最重要的是，中国共产党对传统文化的思考和认识启发我们，只要夯实传统文化基础、持有辩证思维、坚持创新转化，用传统文化培育文化自信切实可行。

（一）社会具有历史连续性

长期以来，人类一直都在为种族生存而斗争，种族的延续成为压倒一切的目标。马克思认为，尽管亚洲各国为了争夺王权经常改朝换代，但亚洲的社会却没有变化。这种社会的基本经济要素的结构，不为政治领域中的风暴所触动。按照马克思主义哲学量变和质变的辩证关系原理，量变和质变是相互渗透的。量变和质变互相依存、相互贯通，不存在绝对的量变和质变的界限，量变是质变的必要准备，质变是量变的必然结果。传统社会不断地发生多方面的量变，如随着物质财富生产能力的提升，个体独立性增强。但无论个体独立性强到什么程度都绝不会出现完全独自生存的情况，因此人与人之间的伦理关系、政治关系等就会具有连续性。另外，从否定之否定规律来看，辩证否定观的实质是"扬弃"，扬弃的内涵是新事物对旧事物既批判又继承，既克服其消极因素又保留其积极因素。传统社会属于旧事物，现代社会属于新事物，发展现代社会应对传统社会持有正确态度，既批判又继承，既克服其消极因素又保留其积极因素。比如，我们既要继承传统社会中的"己所不欲，勿施于人"和"人之性善"，又要克服"君为臣纲，父为子纲，夫为妻纲"。可见，传统社会和

现当代社会一直保持着相对的连续性,这就表明传统文化中适应当代社会的成分大量存在,这为我们用优秀传统文化培育文化自信提供了可行性。

(二)文化具有相对独立性

近代中国经历内忧外患、挨打落后,原因是多方面的,旧文化、旧思想的影响难辞其咎,人们似乎已经认定传统文化是阻碍社会发展的桎梏,需要新文化、新思想取而代之。中国人在尝试了各种救亡图存的道路之后,找到马克思主义,使中国人民实现了民族独立和解放。在中国,马克思主义理论处于指导地位,深深地影响着中国人的思维方式。马克思主义的唯物史观认为社会存在决定社会意识,经济基础决定上层建筑。有些人对马克思主义的这一科学论断有所曲解,机械地、教条地认为产生于封建社会的传统文化无法适应现代社会,并因此形成了思维定式。但是由于文化具有相对独立性,社会暂时落后不应该使我们失去对优秀传统文化的自信。社会落后并不一定代表着文化也落后。恩格斯在致康拉德·施米特的信中曾说过:"经济上落后的国家在哲学上仍然能够演奏第一提琴。"历史上有一段时期,英国的经济在世界上是领先的,法国的政治在世界上是领先的,而德国在理论研究方面领先于世界其他国家。马克思认为,德国的理论,尤其是黑格尔的法哲学在理论上表达了最先进的社会现实,"德国的法哲学和国家哲学是唯一与正式的当代现实保持在同等水平上的德国历史"。如果按照社会存在落后,它的文化就一定落后的思维,那么如何解释马克思认为当时的德国在理论上是最先进的这种自信呢?从这种认为社会存在先进其文化才能先进的思维出发,中国经济在唐宋等时期曾一度领先,我们的传统文化也应该作为世界优秀的文化持续千余年。而对传统文化不自信的历史才不过百余年,由此就丧失对优秀传统文化的自信显然过于草率和片面。

文化的相对独立性表现在文化的一些重要组成部分与社会存在并不是一一对应的关系。不容置疑,马克思的唯物史观在人类文明史上具有巨大的解释力,正如海德格尔所认为的:"因为马克思在体会到异化的时候深入到历史的本质性的一度中去了,所以马克思主义关于历史的观点比其余的历史学优越。"在海德格尔看来,马克思的唯物史观看到了人受社会存在影响的一面,摆脱了哲学上一直从人本身出发去看人的狭隘性。马克思认为,社会存在决定社会意识，物质生产方式包括生产力和生产关系，生产关系决定了政治关系、家庭关系和宗教关系。这些伟大的发现，揭示了人类的社会存在属性。

但是，人类文化包含着很多受社会存在影响较小的成分。比如，伦理是文明的核心之一，传统文化中的"仁者爱人"、人性论的"善恶之辨"、被誉为中国传统文化道德黄金定律的"己所不欲，勿施于人"等。这些文化在当代仍具有价值，应该得到继承和发扬。我们传统文化中蕴含着大量这样的文化，而且阐释的也极其深刻，经创造性转化和创新性发展，完全能够承载中国特色社会主义文化自信。

（三）中国共产党对传统文化的思考和认识

党的十九大报告中明确指出，"党政军民学，东西南北中，党是领导一切的。"中国共产党的执政党地位决定了中国共产党在用优秀传统文化培育文化自信问题中的决定性作用。探讨中国共产党对用优秀传统文化培育文化自信的经验必须要深入掌握从建党至今中国共产党对传统文化的认识进程。

从1921年中国共产党建党到抗日战争爆发阶段，早期的中国共产党人，如陈独秀、瞿秋白等，对传统文化基本上都是持否定批判态度的。众所周知，胡适曾发表过一篇题为《多研究些问题，少谈些主义》的文章，对传统文化抱有一定的眷恋之情，在国民普遍向往西方文化之际，又提出了"整理国故"的倡导。陈独秀对此非常反感，再加上其鲜明的个性，辛辣地对"整理国故"运动进行了讽刺，他提出：像这样的文化，没有维护的必要，可谓批判态度极为坚决。另一位早期的中国共产党人瞿秋白同样对传统文化进行了猛烈批判。他明确地追问中国的旧社会旧文化是什么。他认为传统文化是"宗法社会的文化，装满着一大堆的礼教纲常，固守着无量数的文章词赋"。可见，他认为传统文化虽外表光鲜亮丽，但实质是违背人性的。

从抗日战争爆发到中华人民共和国成立，这个阶段中国共产党对传统文化的态度发生了一定程度的转变，展现了理性的一面。毛泽东同志说："中国的长期封建社会中，创造了灿烂的古代文化。清理古代文化的发展过程，剔除其封建性的糟粕，吸收其民主性的精华，是发展民族新文化提高民族自信心的必要条件；但是决不能无批判地兼收并蓄。"在这段文字里，作为中国共产党领袖的毛泽东同志敏锐地揭示了传统文化与民族自信心的内在关联，作为中国人，如果认为传统文化一无是处怎么可能确立起自己的民族自信心呢？在毛泽东同志看来，中国长期的历史所创造的传统文化是灿烂的，虽然包含着封建性的糟粕，但也包含着民主的思想。毛泽东同志提出对传统文化要区别对待，展现出理性的态度和立场。

从中华人民共和国建立到1976年，这个阶段中国共产党对传统文化的态度依然主要体现在毛泽东对传统文化的判断上。他曾说："中国教育史有人民性的一面。孔子的有教无类，孟子的民贵君轻，荀子的人定胜天，屈原的批判君恶……诸人情况不同，许多人并无教育专著，然而上举那些，不能不影响对人民的教育，谈中国教育史，应当提到他们。"这段对中国教育史的论述，清晰地表明毛泽东同志丰富的传统文化知识和他对传统文化优秀元素的充分肯定。

从1976年到1989年，这个阶段以邓小平同志为代表的中国共产党人对传统文化进行了重新思考。邓小平同志说："从党和国家的领导制度、干部制度方面来说，主要的弊端就是官僚主义现象，权力过分集中的现象，家长制现象，干部领导职务终身制现象和形形色色的特权现象。上面讲到的种种弊端，多少都带有封建主义色彩。"

从20世纪90年代初至今，中国共产党对传统文化日趋重视。1990年1月，李瑞环同志在全国文化艺术工作情况交流座谈会上正式提出弘扬民族优秀文化的理念："面对西方资产阶级和平演变的攻势，弘扬民族文化是振奋民族精神，提高民族自尊心和自信心，发扬爱国主义精神，顶住一切外来压力的一个重要条件。"从这段讲话中可以看出，中国共产党意识到弘扬优秀传统文化在政治上的重要意义，其可以抵御西方世界对我们的和平演变，可以提高民族自尊自信，可以提升民众的爱国主义精神。中国共产党第十六次全国代表大会上提出，"必须把弘扬和培育民族精神作为文化建设极为重要的任务，纳入国民教育全过程，纳入精神文明建设全过程"。显而易见，民族精神的培育和弘扬需要传统文化的支撑。中国共产党第十七次全国代表大会上提出，"全面认识祖国传统文化，取其精华，去其糟粕，使之与当代社会相适应、与现代文明相协调，保持民族性，体现时代性。"进入党的十八大以来，以习近平同志为核心的新一届领导集体更加重视传统文化，这一点每个中华儿女都能切身感受到。

通过梳理中国共产党对传统文化思考和实践，我们从中可以归纳概括出其对弘扬优秀传统、增强文化自信的若干启示。

1. 用优秀传统文化培育文化自信要夯实传统文化的知识基础

对传统文化的认识不能仅仅服从于政治需要。如果想真实地挖掘传统文化的当代价值，真正地用优秀传统文化培育文化自信，首先要夯实传统文化的知识基础，在全面认知的基础上理性地、客观地对待传统文化。

2. 用优秀传统文化培育文化自信要有辩证思维

中国共产党坚信的是唯物主义，认识问题的方法是辩证法，所以中国共产党对待传统文化也秉持着"一分为二"的辩证思维方法。总体上看，中国共产党在任何时期都能意识到传统文化中蕴含着"两面性"，主张抛弃传统文化中封建主义的思想，认为传统文化是博大精深的思想体系，主张弘扬其中具有价值的东西。中国共产党这种辩证地看待传统文化的方式也是符合实际的。中国传统文化是世界文化长河中唯一没有断流、延续至今的古老文明，如果其中没有丰富的具有持久价值的东西绝对不可能延续至今。但是，无论如何传统文化都是建立在传统社会存在基础上的，一定包含不适应现代的东西，即使我们对传统文化抱有深厚的情感也不能丧失理性全盘接受。所以说中国共产党对待传统文化这种"取其精华，弃其糟粕"的辩证思维方式，是我们正确地用优秀传统文化培育文化自信的重要经验。

3. 用优秀传统文化培育文化自信要与时俱进

建党初期，中国共产党以革命的姿态走进历史，革命当然要颠覆以往的旧思想，而传统文化是最能够代表传统思想的，因而受到排斥。近代以来，革命型的政党大都循着破旧立新的理路展开活动。中国共产党革命形象的构建与正当性是反帝反封建，反帝反封建使其赢得了民众的支持。中国共产党所倡导的"自由""民主"思想，显然和产生于封建专制社会的传统文化格格不入，因此陈独秀、瞿秋白等人对传统文化不遗余力地全面痛斥。延安时期，中国共产党对传统文化的态度发生转变，当时国难当头，中国共产党的首要任务是以国家为重，积极促成国共两党共同抵御日本侵略者。在这样的时代背景下，需要树立民族意识和爱国主义精神，而这两者都需要传统文化这个共同的根作为支撑。20世纪90年代初，中国共产党提出继承和发扬优秀传统文化，与应对国外和平演变直接相关，与需要用优秀传统文化培育爱国主义、凝聚中华民族自尊心和自信心紧密关联。当下，中国共产党提出实现中华民族伟大复兴中国梦的奋斗目标，无论是对外树立我们的民族标识，还是对内激发民众的爱国主义精神，都需要大力弘扬传统文化。因此，中国共产党对传统文化的思考和认识过程启发我们用优秀传统文化培育文化自信要与时俱进，适应时代的需要。

（四）儒家文化圈取得成功的实践经验

传统文化不能完全适应当今社会毋庸置疑，但认为传统文化一无是处而采取完全摒弃的态度也是极为草率的。近代东亚儒家文化圈所取得的巨大成绩，说明优秀传统文化在当代社会仍具生命力，用优秀传统文化培育文化自信具有现实可行性。

人们普遍认为，当今世界主要存在三种文化圈：儒家文化圈、基督教文化圈和伊斯兰教文化圈。虽然没有对每个文化圈所覆盖的国家精确界定，但大体上每种文化圈的涵盖范围还是确定的。基督教文化圈主要包括美洲、欧洲和澳洲；伊斯兰教文化圈主要包括亚洲的南部和西部及非洲北部等地；儒家文化圈则集中在以中国为中心的东亚地区。文化圈虽然基本按地区分布划分，但实际上更为重要的是指这些地区具有相类似的文化特征。儒家文化圈覆盖东亚及东南亚部分地区，是指中国及受中国皇帝册封的周边国家或民族。这些中国周边的国家或民族以文言文作为交流的媒体，从中国历代王朝引进国家制度、政治思想并发展出相似的文化和价值观。儒家文化圈的文化特征是以人伦道德构建儒家社会、家庭，崇尚知识、敬天、奉祖。儒家的核心价值观主要包括仁、义、礼、智、信、忠、孝、廉、耻、勇等。

儒家文化圈中的日本、韩国和中国台湾地区都很好地继承和发扬了传统文化。

1. 政府积极地引导继承和发扬传统文化

比如日本政府在1988年《文化振兴基本设想——为了实现文化立国》这份报告中，明确提出"21世纪是依靠本国文化资源和文化优势发展的世纪"。韩国政府在继承和发扬传统文化方面也做得比较好，提出了"文化立国"的口号，旨在努力开发以儒家文化为核心的韩国文化。中国台湾推行"国语"计划,在1964年成立了"中华文化复兴运动推行委员会";不仅如此,中国台湾还非常细致地规范了"国民生活须知99条",倡导人们在生活领域里发扬优秀传统文化;1990年"中华文化复兴运用推行总会"改组为"中华文化复兴运动总会",目的是加强道德建设,改善社会风气,提升文化自觉,鼓励文化交流。正是通过台湾地区一系列的努力,使优秀传统文化在台湾地区得到了很好的发扬。

2. 培养大量以弘扬优秀传统文化为己任的专职儒林队伍

日本政府设立了专门继承和发扬传统文化的基金。这些基金的一个重要支出是用于培养专职的儒林队伍。在韩国,弘扬传统文化的行动一度受到严重限制,但在1945年成立了儒道会,它标志着韩国重新确立了传统文化在国家生活中的重要地位。目前,韩国共有儒道会四百余个,培养儒林人才达百万之众。这些人为韩国继承和弘扬优秀传统文化做出了巨大的贡献。中国台湾地区在20世纪80年代,也开始加强各类与传统文化相关的设施建设,并积极利用社团、宗教团体等民间组织在弘扬优秀传统文化方面的重要作用。

3. 大力保护历史文化遗迹、文物等以供人参观

日本政府十分重视保护各种历史遗迹和文物,在20世纪70年代就制定了《古社寺保护法》和《古器旧物保存法》。这两个法律法规对于保护日本的历史文化起到关键作用,此后日本政府又在21世纪初制定了《国宝保存法》和《古迹名胜天然纪念物保护法》。韩国也非常重视历史文化遗迹的保护工作,很多韩国人会自发地举行各种纪念活动。2001年,韩国安东市举行了"世界儒教文化节",在世界范围内取得了一定的影响。在此次儒教文化节上,韩国提出"用儒教换去今天精神道德的荒废,教育互相尊重、互相爱护、继续前行的新一代"。此外,韩国还通过传统文化表演等纪念活动,加强对传统文化的传承。中国台湾地区也十分重视保护历史文化遗迹和文物,2001年,台湾地区对台北故宫博物馆、太鲁阁、阿里山等重点文物进行了大规模的维护。

儒家文化圈中的日本、韩国在很好地继承和发扬了传统文化的同时,实现了经济和科技的现代化。在经济上,东亚地区各国的实力不俗,国民生产总值在世界前三名中就占据了两位:中国排名第二,2018年GDP为13.6万亿美元;日本排名第三,2018年GDP为4.968万亿美元。韩国排名第十一,2018年

GDP为1.656万亿美元。

在科技创新方面，根据中国科学技术发展战略研究院发布的《国家创新指数报告2016-2017》显示，日本国家创新指数排名第二位，韩国国家创新指数排名第四位，中国国家创新指数排名第十七位。儒家文化圈的一些国家在实现了对传统文化的保留、继承和发扬基础之上，在现代化的各项指标中取得了辉煌的成绩，这足以证明，中国的现代化进程虽然充满了艰辛，但是原因不能完全归咎于传统文化。事实证明，优秀传统文化与现代化并不是完全对立的关系，优秀传统文化与现代化可以协调对接。由此，用中华优秀传统文化培育文化自信切实可行。

事实上，中国传统文化以其丰富的哲学思想、深邃的人文精神、强大的创生张力，在人类历史上曾一度独领风骚。虽然受所处时代历史条件和认知能力等限制，但它的思想光芒历经数千年照耀至今，其合法性毋庸置疑。近代西方文化由于其自然科学的强势地位而异军突起，显示出强大的优势。暂不提哪种文化更为优秀，我们应该以海纳百川的宽厚胸怀充分尊重所有文化存在的合法性，包容互鉴、求同存异、和谐共生。人类文明没有高低优劣之分，因平等交流而变得丰富多彩，正所谓"五色交辉，相得益彰；八音合奏，终和且平"。

第二节 优秀传统文化培育文化自信的原则

文化自信是一个国家、一个民族对自身文化价值的充分肯定和积极践行。中国优秀传统文化作为中华民族几千年来的智慧沉淀，是当下中国特色社会主义文化的一种历史性表征，更是培育中国特色社会主义文化自信的丰厚根基和动力源泉。传统文化产生于过去，在新的时代背景下如何最大限度地汲取优秀传统文化的精髓，使之更好地为培育中国特色社会主义文化自信服务，必须遵循一定的原则。本文认为，用优秀传统文化培育文化自信应遵循如下三个基本原则：坚持马克思主义的指导地位；坚持以社会主义核心价值观为引领；坚持优秀传统文化的创造性转化和创新性发展。

一、坚持马克思主义的指导地位

当前中国正处于社会转变期,任何事情,包括文化方面的问题都要考虑现实情况,当今中国特色社会主义最本质的特征就是中国共产党的领导。中国共产党是以马克思主义为指导的政党,属于文化领域的东西,一定要用马克思主义对他们的思想内容和表现方法进行分析、鉴别和批判。因此,用优秀传统文化培育文化自信也要坚持马克思主义的指导地位。

(一)确立马克思主义指导地位

第一,用优秀传统文化培育文化自信要坚持以马克思主义为指导,是由我国的社会性质决定的。传统文化是产生于传统社会并与之相适应的文化,对于维护传统社会的稳定起到了至关重要的作用。到了近代,中国人民在经历了种种艰辛探索之后,终于找到了实现国家独立和民族解放的正确道路,即坚持以马克思主义为指导。因此,马克思主义在文化思想领域的指导地位是中国人民的选择,也是历史的必然。马克思主义作为我国各个领域的指导思想也被明确写入《中华人民共和国宪法(2018年修正案)》:"中国新民主主义革命的胜利和社会主义事业的成就,是中国共产党领导中国各族人民,在马克思列宁主义、毛泽东思想的指引下,坚持真理,修正错误,战胜许多艰难险阻而取得的。""中国各族人民将继续在中国共产党领导下……实现中华民族伟大复兴。"这就意味着,在我国文化的传承与发展必须以马克思主义为指导。正如有的学者指出的:"社会主义国家不信仰、不坚持马克思主义就会变质,根本存在不下去。"

第二,用优秀传统文化培育文化自信坚持以马克思主义为指导,是由社会主义意识形态需要统一的指导思想决定的。当前中国这个统一的指导思想就是马克思主义。马克思以历史唯物主义为分析工具,客观地揭示了人类社会历史的发展规律,做出资本主义必将被共产主义所代替的科学论断,为无产阶级政党执政地位的合法性提供了理论依据。由于历史原因,中国传统文化中的世界观、人生观、价值观等与马克思主义理论存在不相契合之处,必须在马克思主义理论指导下实现创新转化,才能成为助力中华民族伟大复兴的精神动力。

发展中国特色社会主义文化，就是以马克思主义为指导，坚守中华文化立场，立足当代中国现实。马克思主义理论是我国各个领域的指导思想，弘扬优秀传统文化，培育文化自信，切不可动摇马克思主义理论的指导地位。

第三，用优秀传统文化培育文化自信坚持以马克思主义为指导，是由马克思主义理论的先进性决定的。众所周知，中国是"四大文明古国"之一，而且是世界上唯一一个文化延续至今的国家。正如习近平所说，文化没有断过流的，始终传承下来的只有中国，这个论断充分证明了中国传统文化的旺盛生命活力和永久魅力。但是，相比于传统社会，现代社会发生了深刻的转变也是不容置疑的事实。所以，传统文化毫无疑问地存在着与现代社会不完全适应的巨大缺失。最先表达人类由传统社会进入现代社会的理论之一就是马克思主义理论。马克思主义理论深刻地揭示了人在现代社会的转变，如"感性丰富的人""每个人的自由发展是一切人自由发展的条件"。同时，马克思主义也深刻地揭示了当代社会的特点，即"以物的依赖性为基础的人的独立性"。可见，马克思主义并不是一成不变的，它始终能够根据客观实践而不断变化发展，揭示人类社会本质，这正是其理论先进性的重要表现。传统文化固然博大精深，但它也存在一定的历史局限性，只有以最先进的马克思主义理论为指导，才能获得更加强大的生命力，才能更有效地发挥培育文化自信的作用。

（二）坚定马克思主义信仰

正是由于有了马克思主义，中国的革命、建设和改革事业才取得了今天的巨大成就。正如习近平总书记所说，"没有马克思主义信仰、共产主义理想，就没有中国共产党，就没有中国特色社会主义。"习近平总书记的这句话深刻地揭示了马克思主义信仰对中国的重要意义。因此，用优秀传统文化培育文化自信也要坚定马克思主义信仰。

对马克思主义信仰不够坚定的一个主要原因是由社会多元化倾向造成的。马克思主义理论体系庞大，内容深奥，只有系统学习和深入研究方能做到全面了解和深刻认识。而现实生活中，为了应对出现的各类问题，人们会有意识地借鉴各种领域的理论知识，如关于心灵慰藉的、关于人际关系的、关于处世之道的、关于现实规则的、关于成功之道的、关于前生后世的、关于养生之道的等。从理论自身的特征来讲，可能陷入康德所说的"对因果序列的无限追溯之中"，当某种理论被追溯到一定高度后，就有可能与马克思主义理论相冲突。对马克思主义理论信仰不够坚定的另一个主要原因是对马克思主义理论的认知不够深入。习近平总书记指出，"只有真正弄懂了马克思主义，才能在揭示共产党执政规律、社会主义建设规律、人类社会发展规律上不断有所发现、有所创造，才能更好识别各种唯心主义观点、更好抵御各种历史虚无主义谬论。"由此可见，只有认真学习马克思主义理论，才能辨别各种理论的真伪，才能够破除各种错误理论的误导，增强对马克思主义的信仰。

用优秀传统文化培育文化自信要坚定马克思主义信仰。在中国革命、建设和改革的伟大实践中，马克思主义中国化取得了巨大成就，因为我们没有对马克思主义理论断章取义，也没有照抄照搬，而是结合中国实际情况，同中国的悠久历史和传统文化结合起来，既坚持马克思主义，又发展马克思主义。习近平总书记在党的十九大报告中指出，发展中国特色社会主义文化，就是以马克思主义为指导，坚守中华文化立场。这句话我们可以理解为，发展中国特色社会主义文化就要坚守中华文化立场、弘扬中华优秀传统文化，更要坚持马克思主义的指导地位，坚定马克思主义信仰。马克思主义理论的科学性、实践性、开放性、时代性等特点决定了马克思主义具有强大的生命力，它的包容性和与时俱进的理论品质决定了该理论在与中国具体实践相结合时定会永葆活力。因此，马克思主义信仰不能动摇，马克思主义的指导地位不能动摇，用优秀传统文化培育文化自信同样离不开马克思主义的指导。马克思主义是辩证唯物主义、历史唯物主义的原则立场，马克思主义传统文化观中的批判继承与创新发展思想，是用优秀传统文化培育文化自信必须要坚持的原则。只有坚定马克思主义信仰，从马克思主义真理中汲取智慧与力量，中国共产党人和中国人民才能担负起新时代中国特色社会主义文化建设、弘扬优秀传统文化和提升文化自信的历史使命。

（三）引领中国优秀传统文化创新发展

用中国优秀传统文化培育文化自信是本文研究的主题，但用优秀传统文化培育文化自信一定要坚持创造性转化和创新性发展的原则，在此过程中必须坚持马克思主义的指导地位，必须运用马克思主义理论引领优秀传统文化的传承和弘扬。

首先，马克思主义理论与传统文化建立关联具有可行性。人类社会对公平的追求从来没有停止过，就是因为人类社会从来就没有完全的平等过。纵观人类历史上的这些理论体系，马克思主义理论的立场是站在了社会的最底层，关注最底层人民的利益，即大多数人的利益。这样先进的理论最具国际视野，最没有狭隘的宗派意味，最容易被世界各国人民所认可。中国传统文化也是一种非常具有包容性的文化，在中国的五千年文明史中，中国传统文化不断地吸纳各种文化。这一点仅从下面这个现象就可以看出来，中国的各名山大川均有不同宗教同处一处的景象，几乎不会出现因教义不同而发生冲突的现象。可见，中国传统文化具有包容性。马克思主义理论和中国传统文化都是具有极大包容性的体系，这就为运用马克思主义理论引领优秀传统文化提供了可能性。

其次，实现优秀传统文化的现代性转化要坚持以马克思主义为指导。传统文化最为人诟病的莫过于它是传统社会的产物，因此在当代，用优秀传统文化培育文化自信最为关键的问题之一就是优秀传统文化要实现现代性的转化。如何能够实现传统文化的现代性转化呢？依靠马克思主义理论的指导是唯一的选择。"周虽旧邦，其命维新"，（《诗经·大雅·文王》）传统文化虽然产生于传统社会，但是在当今社会依然有强大的生命力。传统文化有能力不断地吸取各种文明成果的滋养，有能力在实践中发展自己，有能力做到与时俱进、历久弥新。马克思主义理论能够引导传统文化创新发展的方面有很多，如传统文化重视"集体主义"，要在马克思主义引领下与"制度保障"相结合。在中国传统文化中，严重缺乏个体概念，导致人们缺乏个性，缺乏主动性。而当今社会处于一个以市场经济为基础的时代，要求每个人充分发挥主体能动性，这就需要引领传统文化转型。党的十九大报告明确提出实现中华民族伟大复兴的奋斗目标，要通过政策和制度的设计，让每个人充分地发挥主观能动性，充分行使个人的权利，努力营造展现个性、发挥创造性、施展才华的制度氛围，从而实现传统文化的转型升级。以儒家思想为核心的传统文化更多地强调"道德责任"，依靠道德保持主体的责任意识，而当代中国既关注道德责任意识的提升，也重视法治意识的约束作用。因此，要用马克思主义积极引领传统文化，培养社会个体的诚信、公平、合作意识，让平等的契约观念深入人心，为实现中华民族伟大复兴贡献传统文化的力量。

二、坚持以社会主义核心价值观为引领

用优秀传统文化培育文化自信绝不是对传统文化任何方面都盲目自信，也不是对所有的传统文化都采取吸收和实践的态度，而是要接受体现时代文化精神的社会主义核心价值观的规范和引导。

（一）社会主义核心价值观与传统文化的关系

首先，价值观与传统文化的关系。习近平总书记说，"一个民族、一个国家的核心价值观必须同这个民族、这个国家的历史文化相契合"。在厘清社会主义核心价值观与传统文化的关系之前，有必要说明价值观与文化的关系。价值观的定义较为复杂，一个比较经典的定义认为，"价值观是人们关于价值本质的认识以及对人和事物的评价标准、评价原则和评价方法的观点和体系。"对于一个国家和民族来说，无数的个体通过价值观这根无形的纽带联结并凝聚在一起。一个国家和民族要树立正确的价值观，就是要在文化中寻找到那些广大民众都向往的美好观念，并发扬、提倡，使其成为人们共同的情感认同、行为习惯、价值追求和行动指南。价值观深深地植根于文化之中，文化是价值观的根基和源泉。从文化发生学角度看，任何一个民族的优秀传统文化对于该民族核心价值观的生成具有基础和源泉性作用，这是世界文化发展的一种共有现象或普遍规律。价值观成长于文化母体之中，文化必定对价值观的形成产生重大的影响。但是价值观是文化思想的凝练、升华，是文化精髓的集中体现。

其次，社会主义核心价值观与传统文化的关系。核心价值观简单来说就是某一社会群体判断社会事务时依据的是非标准，遵循的行为准则。社会主义核心价值观是在党的十八大报告中被明确提出的：富强、民主、文明、和谐是国家层面的价值目标；自由、平等、公正、法治是社会层面的价值取向；爱国、敬业、诚信、友善是公民个人层面的价值准则。通过对比传统文化中的价值观和社会主义核心价值观，我们可以看出两者有较大的差别，如所处时代的社会制度不同，代表的阶级利益不同，服务的对象不同等。但两者也有相通、相契合之处，它们均属上层建筑范畴，均蕴含着丰富的哲学思想、人文精神、

道德理念和处世智慧。社会主义核心价值观是社会主义先进文化的精髓，而优秀传统文化是滋养社会主义先进文化和社会主义核心价值观的丰厚土壤。社会主义核心价值观与传统文化同属文化范畴，它们之间存在延续与涵养、发展与转化的关系。

1. 社会主义核心价值观有深厚的传统文化基础

社会主义核心价值观虽然是我们当代的核心价值，但很多价值具有永恒性，这样的价值观念在传统文化中有着丰富的体现：比如爱国主义精神，传统文化提倡"天下兴亡，匹夫有责"的爱国情怀、"捐躯赴国难，视死忽如归"的报国情操；比如敬业观念，传统文化中提到"凡百事之成也，必在敬之；其败也，必在慢之。"（《荀子·议兵》）；比如诚信观念，孔子认为"上好信，则民莫敢不用情"（《论语·子路》），就是说君主讲诚信，老百姓就会产生信任的情感。孟子则思考了个人的诚信问题，并将之提升到"道"的高度。"诚者，天之道也；思诚者，人之道也。"（《孟子·离娄上》）比如友善观念，孟子认为性是"人之所以异于禽兽者"，并做出了形而上和形而下两种解释。在形而上的维度上，孟子认为"性自命出，命自天降"，也就是说性源于天。在形而下的维度上，孟子列举了一些经验层面的例子，比如看到孺子入井出手相救，"非所以内交于孺子之父母也，非所以要誉于乡党朋友也，非恶其声而然也"，是人本性使然，所以孟子提出了人之性善。儒家还注重成为友善之人的过程，"见善如不及，见不善如探汤。吾见其人矣，吾闻其语矣。隐居以求其志，行义以达其道。吾闻其语矣，未见其人也。"（《论语·季氏》）还有一些传统文化中的思想虽然与社会主义核心价值观在精神实质上有差异，但经过转化依然可以作为涵养社会主义核心价值观的资源。"然而，即使是中华优秀传统文化，也是一定历史时代的产物，到了新的时代，传统文化的有些内容和形式也需转化创新，适应新的时代要求。比如民主观念，"民为贵，社稷次之，君为轻"（《孟子·尽心章句下》），孟子告诫统治者要"爱民""利民""轻刑薄赋，听政于民，与民同乐""'君，舟也；人，水也。水能载舟，亦能覆舟。'陛下以为可畏，诚如圣旨"（《贞观政要·论政体》）。虽然说传统文化中的这些民主观念与现代社会的民主观念存在着巨大差异，现代的民主更多地是强调如何在制度上、在程序上保证民主，而传统文化更多地是强调民本思想，期望统治阶层顾及到民间的感受，但是两者也有相通之处，实质上都是为了强调要重视每个普通人的利益诉求问题。

2.社会主义核心价值观不完全源自中国传统文化

社会主义核心价值观中倡导的民主、自由、平等、法治等都是近现代的理念，因此中国现代化所需的价值观等不能完全由传统获得。比如，社会主义核心价值观中的自由观念，从现代视角来看，自由概念本身包含着很多种自由，如意识自由、意志自由、政治自由、发展自由等。具体到社会主义核心价值观中的自由，主要指以马克思主义自由观为基础的自由。马克思理解的自由是破除了人身依附关系和物的依赖性的自由，每个人的自由发展是一切人自由发展的条件，这种自由是"自由个性"的自由。社会主义核心价值观中的自由概念是以马克思主义为指导的，因此这种自由更多地理解为发展的自由、个性的自由。反观中国传统文化中的自由观念，主要还是停留在意识自由的层面。中国传统文化中的自由观主要体现在庄子思想体系中。庄子认为自由就是"无待"，无所依赖才能够成就自由。实现的方法是"坐忘"。庄子对"坐忘"进行了解释："堕肢体，黜聪明，离形去知，同于大通，此谓坐忘"。通过"坐忘"的方法，达到忘掉一切的"真人"境界。可见，由庄子代表的中国传统文化中的自由观念仅仅是一种囿于意识中的自由。在黑格尔看来，这种自由仅仅是意识突破了对象性意识而回归到自我意识的境界，还没有达到存有他者的视阈下的自由阶段。由此可见，传统文化中的自由观念与社会主义核心价值观中的自由观念差距甚大。可见，社会主义核心价值观不完全源于中国传统文化，正如习近平总书记所说，"我们提出的社会主义核心价值观，继承了中华优秀传统文化，也吸收了世界文明有益成果，体现了时代精神。"

用优秀传统文化培育文化自信要坚持以社会主义核心价值观为引领。虽然传统文化中蕴含着滋养社会主义核心价值观的丰富资源，是社会主义核心价值观的重要源泉，但用优秀传统文化培育文化自信必须坚持以社会主义核心价值观为引领。习近平总书记在2018年3月8日参加山东代表团审议时说，"要推动乡村文化振兴，加强农村思想道德建设和公共文化建设，以社会主义核心价值观为引领，深入挖掘优秀传统农耕文化蕴含的思想观念、人文精神、道德规范。"习近平总书记的讲话表明，深入挖掘优秀传统蕴含的思想和精神，弘扬传统文化，必须遵循以社会主义核心价值观为引领的原则。用优秀传统文化培育文化自信必须有强大的价值引导力支撑，要有主心骨，社会主义核心价值观便是引导弘扬传统文化、提升文化自信的强大精神动力。

（二）用社会主义核心价值观规范传统文化

通过对社会主义核心价值观与传统文化关系的探讨发现，价值观具有鲜明的时代性。社会主义核心价值观是符合新时代的价值观，用优秀传统文化培育文化自信要以社会主义核心价值观为引领。习近平总书记指出，"社会主义核心价值观，把涉及国家、社会、公民的价值要求融为一体，既体现了社会主义的本质要求，继承了中华优秀传统文化，也吸收了世界文明有益成果，体现了时代精神。"同时传统文化在社会主义核心价值观的规范下会体现出时代性。一个传统的古老文明蕴含的丰富文明绝对不能仅属于一个民族，绝对不能仅仅成为对过去的怀念，而是一定有能力与新时代的进步文化相结合，成为时代性的东西。民族精神的民族性并不排斥时代性。相反，任何一个走在时代前列的民族，其民族精神都是民族性与时代性的统一，或者说是优秀传统与时代精神的结合。同时，社会主义核心价值观在我国属于主流意识形态范畴，体现了社会主义制度在思想和精神层面的规定性，凝结着社会主义先进文化的精髓。只有通过符合时代精神的社会主义核心价值观的指导、规范，用优秀传统文化培育文化自信才能走在时代的节奏上，才能保证用优秀传统文化培育文化自信的正确方向。

三、坚持创造性转化和创新性发展原则

用中国优秀传统文化培育文化自信，优秀传统文化是手段，建立起文化自信是目的。文化自信包含着心理因素，当我们能够通过对优秀传统文化古为今用的创造性转化，深刻认识到传统文化在当今依然具有巨大的解释力和生命力，我们就会产生文化自信；当我们能够对传统文化做到兼容并包的创新性发展，我们同样会产生文化自信。

（一）通过对中国优秀传统文化古为今用的创造性转化提升文化自信

用优秀传统文化培育出文化自信的首要条件是优秀传统文化在当今要有

解释力，要能够对新时代产生的新情况、新变化、新事物做出合理的解释，并能对我们的未来发展提供智力支持，只有这样，传统文化才能够具备培育文化自信的能力。因此，传统文化古为今用的创造性转化成为了用优秀传统文化培育文化自信的一个重要原则。

　　对传统文化进行古为今用地创造性转化首先要持有客观理性的态度。文化自信从根本上说是对文化的一种态度。自信是一种态度，自负、自卑同时是对文化的一种态度，而这些态度又都源于认识，认识又分为理性认识和非理性认识，非理性认识是产生文化自负和文化自卑的根源。当前我国迫切需要破除这些非理性认识。客观地说，在传统社会，以儒家为主导的传统文化确实优秀，令人自豪。到了近代，时过境迁，中国在西方强大的科技实力面前，屡屡受挫，产生文化自卑。这两种对传统文化的态度都是可以理解的，不能说是完全由非理性因素造成的。但当前中国成为世界第二大经济体，在党和国家提出中华民族伟大复兴中国梦的背景下，再次出现文化自负现象，就是非理性认识了，需要高度警惕。随着这种非理性的对传统文化的自负，一些传统文化中与时代不相适应的最为糟粕的东西也会随之粉墨登场，相当一部分持有文化自负态度的人是受利益驱使，假借弘扬传统文化之名，混淆视听，从而渔翁得利。因此，有时非理性和愚昧无知并非一回事。

　　那么这里的理性应该如何界定呢？西方启蒙运动宣扬的理性，我们有必要了解一下。提到启蒙运动，学界一般都将18世纪认定为启蒙时代。实际上，从14世纪，开端于意大利的文艺复兴运动就为启蒙运动提供了滥觞。文艺复兴就是要将"匍匐于神之脚下的人们"解放出来，使人的尊严呈现出来。启蒙运动在文艺复兴反对教皇专制权力和神职人员特权的基础上，提出了自由平等的政治理念。而启蒙运动所凭借的工具就是理性。法国的启蒙运动者提出的口号是"要敢于认识"，康德对启蒙的理解开端于对这一口号的理性批判。康德说："启蒙就是人从归咎于其自身的未成年状态中走出来。"康德认为所谓"未成年状态"是指未经别人指导就不敢运用自己的知性的状态。没有勇气运用自己的知性就是缺乏理性，因此康德认为启蒙就是"使理性变得成熟"。启蒙运动运用理性，挑战一切权威，重新审视一切旧道德，正如恩格斯所说的那样："他们不承认任何外界权威，不管这种权威是什么样的，宗教、自然观、社会、国家制度，一切都要受到最无情的批判；一切都必须在理性的法庭面前为自己存在作辩护或者放弃存在的权利。"理性在启蒙运动中占有如此重要的地位，并且也取得了辉煌的成绩，甚至可以说是西方现代化进程中最为重要的环节之一。

理性在西方语境中是要敢于认识，是使自己摆脱不成熟的状态。当代中国也亟须这样的理性。正是在这个意义上，我们有一些学者也认为，中国缺少一次真正意义上的启蒙运动。用优秀传统文化培育文化自信也需要这种理性，摆脱对待传统文化的不成熟状态。这就要求我们在通过传统文化确立文化自信时，对传统文化有一定程度的认知和把握。传统文化本质上是与传统专制社会相适应的，整个传统文化体系都是围绕着专制主义这个核心构建的。因此，很多传统文化中的东西我们都要理性地辨别，深刻理解它的本来意蕴和价值取向，这样才能做到古为今用。

用优秀传统文化培育文化自信要实现对优秀传统文化的创造性转化，通过传统文化的古为今用，使其在当今时代彰显出价值，以此增强文化自信。可见，实现对传统文化的创造性转化就是把一些中国文化传统中的符号与价值系统加以改造，使经过创造的符号与价值系统变成有利于变迁的种子，同时在变迁的过程中继续保持文化的认同。由于时代发生了转变，传统文化中的一些东西已经不能完全适应现代社会，当其经过改造创新之后，不仅适应了时代，也彰显了传统文化的创生张力。对传统文化的创造性转化不是生搬硬套，不是罔顾原意的捏造，而是对确实与时代有契合点的思想、观点进行挖掘改造，实质上是一种再创造。正如有学者指出，对传统文化要以创造性的理想与意志，创造性的实践进行转化。如何能够通过对传统文化进行创造性转化以适应当今时代，这需要理性地思考我们的传统文化资源。基于相关文献资料和对传统文化的审视，我们大体将传统文化归纳为三种类型：第一类，已经形成了完整体系且具有持久的价值；第二类，具备完整体系，但由于其核心价值与当代并不适应，只能对其个别有价值的组成部分进行创造性转化；第三类，没有形成完整体系，但具有当代价值。针对这三种类型的传统文化，我们可以有的放矢地对其进行创造性的转化。

针对第一类传统文化的创造性转化。有些传统文化已具有完整的内容体系，且具有持久价值。这类传统文化的创新转化主要基于其本意，直接阐释其当代价值即可。比如，传统文化中的人性论之争就形成了自己较为完备的体系，而且其核心价值在当代依然具有一定的价值。对人性问题的思考发轫于孔子"性相近也，习相远也"（《论语·阳货》），意思是说人与人之间的先天之性是大体相近的，而后天之习是导致人们现实表现差异巨大的原因所在。孟子认为性是"人之所以异于禽兽者几希，庶民去之，君子存之"（《孟子·离娄下》），认为人之性善。"富岁，子弟多赖；凶岁，子弟多暴，非天之降才尔殊也，其所以陷溺其心者然也"（《孟子·告子上》），他认为恶是口目耳鼻四肢的欲望所带来的，深受环境的影响。每个人通过内省，然后尽心、知性、养浩然之气都可以成就伟大的人格。荀子虽提出了人性本恶的论点，但他认为通过学习礼义之道，能出现礼仪辞让等行为。荀子讲"凡人之性者，尧舜之与桀跖，其性一也，君子之与小人，其性一也"（《荀子·性恶》），认为人与圣人在本质上是一致的，通过修养可以从善，这也是荀子人性论的可贵之处。汉代的董仲舒认为人生来就有区分，提出了"性三品说"："圣人之性，不可以名性，斗筲之性，又不可以名性，名性者，中民之性。"（《春秋繁露·实性》）他认为圣人之性为善，最差的人之性为恶，这两者无法改变。中民之性包含着善和恶两种倾向，通过圣人的利义教化可以从善忌恶。西汉末年的杨雄提出性善恶混的学说："人之性也，善恶混。修其善则为善人，修其恶则为恶人。"（《法言·修身》）在他看来，人性中既有善亦有恶，一个人是善是恶更取决于修身的方向。唐代的王安石提出了"性无善恶、善恶由习"。王安石认为孟子、荀子等人所讲的"性"实际上是"情"，并非人的本性。人的善恶不是出于人的本性，而是依"情"而生，依习而成。这个情包括"喜怒爱恶欲"，其如何表现出来受到后天学习和环境的影响。宋明理学使中国传统文化中的人性论之争达到了一个新的高度。二程（程颢、程颐）提出性有两大类：一类是"天命之谓性"，另一类为"生之谓性"（《遗书》）。前者是在人未生而已存在于宇宙之中的性，是绝对的善；后者的内容包含前者的善，但由于受身体影响，又有很多恶的地方。朱熹继承了二程的人性的二重划分并借鉴张载的人性论，认为性分为"天地之性"和"气质之性"（《正蒙·诚明》）。人是天地之性与气质之性的结合，既有至善，也会呈现恶。可见，传统文化中的人性论已经形成一个完整的体系，而且毫无疑问对于鼓励人们向上向善和调理社会关系具有特别的意义，我们要结合时代要求加以继承和发扬，赋予其新的涵义。

针对第二类传统文化的创造性转化。有些传统文化虽然具有了完整的体系性内容，但其核心价值观与时代不相符合。这类传统文化的创新需要我们对这些理论加以分析，然后加以重新构建。比如"礼"治思想，在传统文化中是具备完整的体系特征的，但是其核心的政治价值是维护专制主义的，显然与社会主义核心价值观中的民主思想相悖，因此必须对其进行改造，进行创造性转化。传统文化特别重视"礼"治。孔子极为推崇周"礼"，视之为最好的社会秩序。所谓"礼"就是维护贵族等级秩序的社会规范和道德规范（《中华文明大辞典》）。孔子讲道："克己复礼为仁"（《颜渊篇》）。"礼"包含着孝悌、忠恕。几千年来，对中国人影响最深的传统文化思想之一就是忠孝。孔子说："其为人也孝悌，而好犯上者鲜矣；不好犯上而好作乱者未之有也。"（《论语·学而》）孔子能够将本来毫无内在关系的忠和孝联系到一起，真是不得不由衷地赞叹其思想的创造力。所谓"忠"，当然是为了让臣效忠皇帝，下级效忠上级。实际上，大臣效忠皇帝，下级效忠上级是很好理解的事情，因为它直接关乎着大臣和下级的根本利益。尤其是在传统社会中，几乎所有的资源都掌握在皇帝和等级高的人手里。孝顺父母也是很好理解的事情，因为每个人都是父母生、父母养的，没有父母就没有自己的生命，没有父母的养育就无法成人。所以从本质上看：忠根源于利，而孝根源于报恩，二者本质上完全不同。但是孔子天才地将两者关联起来：不忠就是不孝，不孝也不可能忠，这种思想影响了中国两千多年来的思维，甚至在忠孝难以两全的时候，更值得提倡的是效忠。这种"君要臣死臣不得不死，父叫子亡子不得不亡"的愚忠愚孝，显然与社会主义核心价值观是格格不入的。在当今时代，我们依然弘扬子女孝顺父母的思想，甚至"老吾老以及人之老，幼吾幼以及人之幼"都是极高的美德，应当传承下去。"忠"的思想可以重新被诠释，将其转化为对祖国的忠诚，对中国特色社会主义事业的忠诚，从而培育和弘扬爱国主义精神，进而通过赋予其时代的新意增强我们对传统文化的自信。

针对第三类传统文化的创造性转化。有些传统文化虽然不具备完整的体系性，却与当代现实有契合之处。这类传统文化的创造就需要我们对这些理论加以重新阐发，使之继续在当代焕发出生命力，如传统文化中儒家的义利观等。在当代，西方社会人与人之间的关系主要体现在利益如何分配之上。当代西方政治哲学是以保护私有财产神圣不可侵犯为基础，每个人都是自己财产的"法人"。在这种精打细算的利己主义世界里，可能每个人对自己的利益最为关注。马克思深刻地揭示了这一点，提出了"封建社会已经瓦解，只剩下自己的基础——人，但这是作为它的真正基础的人，即利己的人""政治解放一方面把人归结为市民社会的成员，归结为利己的、独立的个体，另一方面把人归结为公民，归结为法人"。在这样的前提下，每个人都会特别地关心政策的制定是否对自己有利。但是众口难调，很多政策的制定必然是有些人受益多一些，有些人受益少一些，甚至是直接被损害。这样的社会不稳定因素显然很高。

传统文化反对个人利益至上，有利于社会的和谐稳定。在孔子看来，人要力争效仿君子和圣人崇尚、遵从义，"君子义以为质"（《论语·卫灵公》），"君子义以为上"（《论语·阳货》）。孔子在日常生活中，很少提到与利益有关的事情："子罕言利"。（《论语·子罕》）孔子并非否定个人利益，但强调义在利先，因此弘扬义的言论更多，如"君子喻于义，小人喻于利"（《论语·里仁》）、"君子义以为上，君子有勇而无义为乱，小人有勇而无义为盗。"（《论语·阳货》）传统文化使得我们中国人在考虑利益之前，先讲究一个义字，耻于唯利是图。如果过于重视自己的利益，而表现出对自己的利益的诉求，这在传统文化中被称为"争"。孔子在《八佾篇》中说"君子无所争"，在《卫灵公篇》中说"君子矜而不争"。这种不争的思想，是一个君子在面临个体利益受损时应有的态度。显而易见，孔子已把义利作为重要的伦理范畴加以阐释，并表现了明显的重义倾向。这种否定利益至上，强调义利之辨的思想，在社会利益分配处于矛盾时，强调整体利益、长远利益高于个人利益与眼前利益，反映了人类社会的共同愿望，不失时代意义，有利于当代社会的和谐稳定。

（二）通过对中华优秀传统文化兼容并包的创新性发展提升文化自信

用优秀传统文化培育文化自信，需要传统文化有能力广泛吸收世界各民族的优秀文化因素。传统文化有这种包容性，有与东西方文化成果相融合的能力，并在此基础上创造出新的具有现代性的文化元素来。在经济全球化的今天，任何一个有进取心的民族都会追求国家的现代化，而现代化要建立在文化的土壤上。现代化不是一个自然的社会演变过程"，这也意味着，我们必须学会兼容并包、借鉴学习西方的先进文明。中国传统文化内置革故鼎新、与时俱进的特质，使传统文化适应新时代要求创新性发展成为可能。

现代化是新时代的一个重要特征，是中国近代百余年的追求和梦想，所谓现代化是指人类社会从工业革命以来所经历的一场急剧变革，这一变革以工业化为推动力，导致传统的农业社会向现代工业社会的全球性的大转变过程，它使工业主义渗透到经济、政治、文化、思想各领域。可见现代化是工业化引起的社会政治、思想、文化等各个领域的相应变化，不是中国内生出来的东西。因此，我们必须要学会借鉴西方的先进思想。2014年教育部颁布的《完善中华优秀传统文化教育指导纲要》（教社科〔2014〕3号）中明确地提出"坚持弘扬中华优秀传统文化与学习借鉴国外优秀文化成果相结合"。这里面也重点强调了要借鉴国外优秀文化成果和博采众长。

优秀传统文化的创新性发展需要兼容并包地借鉴国外的优秀文化成果。近代，由于西方科技迅猛发展，伴随而来的是其文化在全球范围内也占据了强势地位。毫无疑问，现代化发端于西方，社会生产力的发展和人们生活水平的快速提升在很大程度上受益于西方的现代化。知耻近乎勇，我们要有勇气面对自己传统文化的不足，要勇于和善于学习西方先进的东西。正如鲁迅所质疑的，"我独不解中国人何以于旧状况那么心平气和，于较新的事物这么蹙额，于以成之局那么委曲求全，于材兴之事就这么求全责备？"（《华盖集》）要实现传统文化创新性发展，我们应该持理性的态度，辩证地对待世界各民族的文化成果。既要通过对优秀传统文化的弘扬和发展增强文化自信，又要借鉴其他文化的优秀元素对传统文化进行创新转化，使其发挥创生的张力，更好地为建设中国特色社会主义服务。同时，无论是对待我国传统文化，还是对待其他文化，如西方强势文化，我们都必须具备批判的精神，学会拿起批判的武器。我们是以马克思主义理论为指导的社会主义国家，我们理应具备这种批判精神。马克思主义创始人敏锐地发现了资本主义的抽象性、形式性和虚伪性，对反映那个社会的文化进行了猛烈的批判。辩证法在对现存事物的肯定理解中包含对现存事物的否定的理解，即对现存事物的必然灭亡的理解；辩证法不崇拜任何东西，按其本质来说，它是批判的和革命的。带着这种批判精神，寻求在批判旧世界中发现新世界，开创了一个新的纪元。毛泽东同志对待文化方面也具有很强的批判意识。针对国外的文化，毛泽东同志明确提出"决不能生吞活剥地毫无批判地吸收"，对待传统文化明确提出"决不能无批判地兼收并蓄"。

通过对优秀传统文化兼容并包地创新性发展，努力实现传统文化与马克思主义理论和西方先进思想的融合，使其更好地服务现代社会，这样我们的文化自信就会进一步增强。传统文化与马克思主义理论相融合是一个重大的课题，十分庞大复杂，我们以传统文化和马克思主义理论及西方文明中理想人格及实现路径作为研究的切入点。

1. 中国传统文化中的理想人格

顾名思义，理想人格就是指一种文化中意欲塑造的人的理想样态。研究理想人格具有重大的意义，因为理论探讨的最基础之处就是对人本身的探讨。理想人格规范了我们文化所欲塑造的人的完美典型，规范着人的成长方向。在传统文化中，具有理想人格的人被称为"圣人""贤人""君子"。这样的人一是要具备对他人的"仁爱"之心，即"仁者爱人"（《孟子·离娄下》）。表达这种思想的传统文化内容还有很多，诸如《论语·雍也》中的"己欲立而立人，己欲达而达人"，《论语·卫灵公》中的"己所不欲，勿施于人"等等。二是要懂得"守礼"。传统文化非常重视"礼"，不仅有各种规章制度，甚至什么样的身份穿什么样的衣服，如何坐卧行走，"非礼勿视、非礼勿听、非礼勿言"（《论语·颜渊》）。只有通过"礼"方能达到仁的高度，如《论语·颜渊》中所说的"克己复礼为仁"。三是要"自强不息、厚德载物"。传统文化中具有理想人格的人有强烈的进取心，这种进取心来源于上天的启示；同时有很强的担当和责任意识，像大地那样具有强烈的承担品质，以天下事为己任。

2. 近代西方文化视角下的理想人格

众所周知，近代西方随着自然科学知识兴起，生产力快速提升，这也从根本上改变了传统上对人的理解，提出了"经济人"和"政治的人"。亚当·斯密在《国富论》中提出，经济人假设是从实际的生产过程中抽象出来的概念，是"每个人改善自身境况的一致的、经常的、不断的努力"。正是在这个意义上，马克思在《论犹太人问题》中说资本主义社会里的人是"自私自利的人"，每个人都是自己的"法人"。经济人假设是基于资本主义生产方式而提出的，这种全新的对人的把握引申到政治这个意识形态领域之后，就得出了"政治人"。作为经济人延伸的政治的人继续执行着法人的角色，呈现"原子式"的人的样态，在政治上表达个人的经济利益诉求。这样的政治的人要求政治解放，要实现言论自由、出版自由、结社自由、迁徙自由、选举权等等。这样的人要求具备基本的公民素质，是具备理性能力的人，是能够遵守规则的人。

3. 马克思主义的理想人格

传统社会的生产力低下，人们获得物质生活资料的难度很大，同时政治制度模式比较单一，大都属于专制主义。专制主义统治下对人的要求主要体现在品质上。柏拉图认为统治阶级的理想品质是智慧，由此提出了"哲学王"（《理想国》）；武士阶层负责保卫城邦，其理想人格是"忠诚"和"勇敢"；为了维护社会稳定，绝大多数底层人民的理想品质是"节制"和"忍耐"。到了近代社会，随着生产力的提高，人们获得物质生产资料的能力得到了极大提升，个体的地位才不断地被彰显出来。马克思是最早敏锐地捕捉到这种变化的思想家。与柏拉图要求人们"节制""忍耐"及老子要求人"挫其锐，解其纷""抱弱守拙"（《道德经》）不同，马克思认识到人应当充分地挖掘其感官能力，使"眼睛成为人的眼睛"，甚至提出了"感觉在自己的实践中直接成为理论家"。在这种张扬个体的意识基础上，马克思认为人的理想样态是"自由个性""作为目的本身的能力的发挥""自由全面发展的人"。另外，马克思主义反对对人做出"自私自利"的理解，而认为人是"人人为我，我为人人"的集体的人。

4. 中西方文化中理想人格的实现路径

传统文化中的圣人、君子是人的最高理想，但是能够完全达到的，基本上是没有的，连孔子自己都承认没有见过圣人，但是这种理想人格作为一种规范，虽不能至但心向往之，还是有一定的修养路径的。在孟子看来，普通人和圣人在本质上是一样的，"仁义礼智我固有之"（《孟子》）。持这种观念的思想家也有很多，比如苏格拉底认为善是本身固有的，因此他仅仅是真理的"助产士"，柏拉图也提出对理念世界的"回忆说"。这类学说的实现路径大都是通过内省的方式，所以孟子提出尽心、知性、养浩然之气的修养方法，认为通过这些方法，人人都可以成就伟大的人格。马克思的"人的解放"理论也给出了实现其理想人格的方法。作为唯物主义者，马克思提出"人的解放"要破除两个依赖，一个是破除人身依附的依赖性，另一个是破除对物的依赖性。马克思认为通过政治解放已经实现了对人身依附的破除，对物的依赖性的破除需要改变资本主义生产方式中的生产资料所有制形式。

通过对中西方文化中理想人格及其实现路径的探讨，我们不难发现：对优秀传统文化兼容并包地创新性发展存在广阔空间。近代西方文化中的人主要是基于资本主义社会的需要提出的经济人和政治人，马克思指出了这种理想人格的虚假性、抽象性和形式性，实质上是找到了通达人的自由全面发展的这个更高的追求。但总体上看，这些理想人格或者是对一个人参与公共生活的素质要求，或者是个体对完美生活状态的追求，而这正是传统文化中的个体人格修养理念所欠缺的。当我们意识到优秀传统文化与其他文化可以互补互充、交流互鉴，可以实现自身创新性发展时，我们的文化自信便自然而然得以提升。

第三节 培育文化自信的优秀传统文化内容

中华优秀传统文化历史悠久、博大精深，历经5000多年岁月的洗礼，源远流长，历久弥新，气势恢宏，能够用来培育文化自信的内容十分丰富。无论是广义文化中的物质文化，如交通工具、服饰、日常用品等，还是狭义文化中的宗教、信仰、风俗习惯、道德情操、学术思想、文学艺术、科学技术、各种制度等，其中诸多优秀元素均具有助力马克思主义中国化、滋养社会主义核心价值观、涵养新时期治国理政思想等重要作用。优秀传统文化的核心理念和优秀思想不胜枚举，学者研究的归类方法也不尽相同。本文依据《习近平在纪念孔子诞辰2565周年国际学术研讨会暨国际儒学联合会第五届会员大会开幕会上的讲话》精神："中华优秀传统文化的丰富哲学思想、人文精神、教化思想、道德理念等，可以为人们认识和改造世界提供有益启迪，可以为治国理政提供有益启示，也可以为道德建设提供有益启发"，将培育文化自信的优秀传统文化内容从"为认识和改造世界提供有益启迪的优秀传统文化""为治国理政提供有益启示的优秀传统文化"和"为道德建设提供有益启发的优秀传统文化"三个方面进行阐释。

一、为认识和改造世界提供有益启迪的中华优秀传统文化

马克思主义是认识世界和改造世界的科学方法和行动指南，辩证唯物主义和历史唯物主义世界观则是马克思主义的理论基础，而中华优秀传统文化中朴素的唯物主义思想和辩证思维方法与马克思主义的世界观具有高度的契合，可以为认识和改造世界的人类活动提供有益启迪，从而提升文化自信。

（一）"天人合一"的世界观

世界观是人们对世界的整体看法和根本观点，即如何认识与看待世界。在我们的实际生活中，经常要对某个对象或某件事情做出一些判断。既然进行判断，就必然涉及判断标准。如果人们对已确立的判断标准依然有分歧，那么就会自然而然地追求更高一级的标准。当这个标准推演到最高和最后的时候，就会引发对世界本源即世界观的思考，然后再从世界观的高度出发，对具体事物做出判断。正如创作《易经》的目的是"以通神明之德，以类万物之情"（《周易·系辞》），而起点则是对世界观的判断，即"仰则取法于天，俯则取法于地"（《周易·系辞》）。现行的《马克思主义基本原理概论》核心的目的之一是探讨人类社会的发展规律，而在阐释该规律之前，深入地论述了世界的"物质统一性"这一原理。

对世界观理论的探讨，体现了一种文化体系的高度和深度。几乎没有哪种文化是仅仅单纯地讨论自然的，其理论旨趣皆是为了引申到社会生活领域。而对于社会生活各领域的探讨是否能够上升到世界观的高度则表明了该种文化的层次水平和文明程度。古希腊文化探讨了世界本源，提出了

"水""火""气""无定""四元素""数"等说法。比如，赫拉克利提特提出"世界是一团永恒的活火"的火本原说，火的性质是"在一定分寸上燃烧，在一定分寸上熄灭"，是有规律的，表明了社会应该具有一定的秩序。

中国传统文化也深入到了世界观的高度，"天人合一"是传统文化世界观的典型表达。"天人合一"是关于天与人、天道与人道、自然与人为相统一的学说（《中国哲学大辞典》）。从西周的天命论开始，到孟子的"尽其心者，知其性也；知其性，则知天矣"（《孟子·尽心上》），即一切听从天的安排，天命是决定一切事物发展的不可抗拒的力量，再到庄子的"人与天一也""天地与我并生，而万物与我为一"，（《庄子·齐物论》）再到董仲舒建立的以天人感应为核心的神学目的论体系，中国古代这种"天人合一"的哲学观点影响力日益增强，并不断发展。宋代的张载和清代的王夫之站在唯物论的立场，主张物质性的气是天人合一的基础，提出"天人之蕴，一气而已"，程朱理学家提出"天人本无二，不必言合"，将"天人合一"发展为"天人同一"（《二程全书·语录》）。

此外，在传统文化中提出了"金、木、水、火、土"五行说，并且探讨了相互之间的相生相克原理；"古有太极，太极生两仪，两仪生四象，四象生八卦"等等。（《周易·系辞上》）以"天人合一"思想为代表的中国传统文化的世界观，在认识世界方面，将世界的本原是"一"还是"多"，本原是"变"还是"不变"都辩证地进行了阐述，可以说在这个领域几乎穷尽了思维的可能性。

"天人合一"的哲学思想影响甚深，一是因为它具有朴素的辩证思想，认为天道决定人事，人事亦可感知天道，天人合而为一；二是因为它具有朴素的唯物主义思想，认为天是自然之天，天道是自然规律，人不能违背自然规律，而应遵循自然规律，在这种意义上达到"天人合一"。"天人合一"这种世界观在某些特定历史时期曾产生过积极的作用，在当代也具有其现实意义，如人不能违背自然规律，而应遵循自然规律，保护生态环境，达到人和自然的和谐统一。但也不能忽视"天人合一"中有神论和先验论的因素，要以马克思主义理论为指导，对其进行必要的扬弃。总之，"天人合一"的世界观已达到人类思维的一定高度，其中蕴含的具有现实意义的积极因素符合现代的生态文明建设，能够为我们认识和改造世界提供有益启迪，由此我们对自身文化的信心也得以提升。

（二）"民胞物与"的自然观

"天人合一"的世界观思想更多地侧重于认识世界，"民胞物与"思想则更多地侧重于改造世界，或者说是人对世界、自然的态度。"民胞物与"的自然观对于改造世界、解决当今面临的生态问题具有十分重要的启示意义。

近代以来，随着自然科学技术的快速进步，人类改造自然的能力也得到了巨大的提升。农业发展、城镇化加剧使生态环境不断恶化，已经成为影响和制约当代人类社会发展的重大问题。人们在改造自然，使其适合我们需要的过程中，往往对环境过多地摄取，过度地滥用，从而引发生态退化和环境恶化等一系列问题。当代生态环境恶化现象已经十分严重，直接影响我们人类的可持续性发展。生态环境破坏造成方方面面的严重后果：水土流失、沙漠化、荒漠化、森林锐减、土地退化、生物多样性的减少，此外还有湖泊的富营养化、地下水漏斗、地面下沉等。工业发展所产生的大量垃圾所造成的污染也是环境恶化的重要原因之一。德国思想家莫尔特曼认为，"人类只看到了自然的一个方面，亦即有用的一面"，于是"自然得不到保护，任凭人类权力意志的摆布"。

生态环境的恶化已经引起了全球的高度关注，人们逐渐意识到必须反思我们在改造世界进程中对自然的态度问题。当我们深度思考并探究这个问题时，便把深层次原因归结到人的思维方式上。造成当代生态恶化的一个主要深层次原因是"人类中心主义"的思维方式。"人类中心主义"思想是西方哲学的一个术语，是以人类为事物的中心的学说。古希腊普罗塔哥拉的"人是万物的尺度"表达了最早的人类中心主义思想，它认为个别的人或人类是万物的尺度，即把人类作为观察事物的中心。也就是说，在我们面对自然对象的时候，人们会将人类放在中心的地位，自然是人类控制和支配的对象。人类有权利利用先进的科学技术，改造和利用自然，自然仅仅是受我们支配的附属物。表现在哲学上，从笛卡尔的"我思故我在"开始，经过黑格尔的"自我意识"，人类中心主义的主体性原则被逐渐地确立起来了。可以说，不摆脱西方近代的"主体性""人类中心主义"的思想，生态危机难以得到解决。在这个时候，中华优秀传统文化成为为人类寻找出路的一个重要资源。优秀传统文化中的"民胞物与"思想是矫正"人类中心主义"之偏的一剂良药，为解决当代生态问题提供了非常有价值的思路，足以提升我们的文化自信。

在《正蒙·乾称》中，张载讲道："乾称父，坤称母；予兹藐焉，乃混然中处。故天地之塞，吾其体；天地之帅，吾其性。民，吾同胞，物，吾与也。"张载从"天地是人与万物之父母"的角度出发，提出应将一切人视为兄弟，将一切物视为朋友的命题。简单地说，就是人与人之间是平等的，人与物之间也是平等的。"民胞物与"与西方的"人类中心主义"在思维方式上有很大的不同，是人与自然和谐相处的思想基础。当今世界的生态危机从实质上讲是人与人和人与物之间关系的危机，最基础的就是人与自然关系的危机。在生产力极大发展的近现代，人类对于"改造"自然乐此不疲，最大限度地获取、消耗自然资源。"民胞物与"内蕴的生态伦理思想将天地万物一视同仁，强调自然与人的地位平等、和谐共处，与人类形成了一个命运共同体。它告诫人们不能只顾埋头追求经济的增长，争夺资源的分配，却忽略了最基本的生存发展问题。"民胞物与"思想能够教导人们在改造自然的进程中，正确认识和处理人与人、人与自然之间的关系定位问题。从这个意义上讲，传统文化中的"民胞物与"思想是十分具有现代意义的，能够为人类改造世界提供更加合理的理论指导。

客观地讲，"民胞物与"的思想仍具有历史局限性和阶级局限性。一方面，受科技不发达的历史条件限制，张载的自然观、生态观只能利用人的天地之性的"善"解决人与自然界的关系问题，而生态问题仅靠道德修养是难以解决的。另一方面，张载是统治阶级的一员，维护统治阶级的利益，受阶级性限制，"民胞物与"思想不主张阶级平等，更不可能消灭封建等级制度，而是通过对底层人民的怜悯巩固封建宗法制度而已。因此，我们应该客观地对待传统文化，摒弃其糟粕，弘扬其精华，彰显其时代价值，从而增强我们的民族文化自信心。

二、为治国理政提供有益启示的中华优秀传统文化

2014年10月15日，习近平在文艺工作座谈会上的讲话指出："文化是民族生存和发展的重要力量……世世代代的中华儿女培育和发展了独具特色、博大精深的中华文化，为中华民族克服困难、生生不息提供了强大精神支撑。"中国当今正处于大变革大发展的重要阶段，中华文化以其历久弥新的强大生命力为全面深化改革、促进经济发展、做好周边外交工作，实现中华民族伟大复兴的中国梦提供精神动力和理论支撑，为治国理政提供智慧和滋养。

（一）"以民为本""安民富民乐民"的治国主张

"民本"是中国政治文化的核心范畴之一。"民本"一词，出自《尚书·五子之歌》："皇祖有训，民可近，不可下，民惟邦本，本固邦宁。"以民为本的思想即是将民众看作国家的根本，为政者应以民众的利益为先，以安民富民乐民为己任，从而赢得民众的信服与支持，才能巩固其统治，社会才能得以平安稳定。

中国传统文化中蕴含着非常丰富的以民为本的思想，无论是统治阶级还是古代哲人，都深刻地认识到民众力量对社会历史发展的作用，民众力量决定着王朝的兴衰和社会的安定。

"民本"思想源于西周周公的"敬德保民"，到春秋时期发展为"重民"思想，正如管仲所言："政之所兴，在顺民心。政之所废，在逆民心。"（《管子·牧民》）在此基础上孟子提出了著名的"民为贵，社稷次之，君为轻"思想。荀子曾巧借《左传》中水与舟之间的关系来表达民本的观念："君者舟也，庶人者水也，水则载舟，水则覆舟。"（《荀子·王制》）警示君王民心向背的重要性，"民可载舟，亦可覆舟"，统治者巩固政权必须要得到人民的拥护，必须依靠民众的力量。汉初政治家陆贾指出"夫欲建国、强威、辟地、服远者，必得之于民"（《新语》），认为民心不可失，民愿不可违。

中国自古就有"治国必须安民"之理念。安民，就是让百姓的生活环境安定，生产井然有序。古代社会以农业为基础，安逸的民众生活最起码应不为生计所困，不为赋税所累。孔子有言："道千乘之国，敬事而信，借用而爱

人，使民以时。"（《论语·学而》）安民是国家稳定、社会发展的关键。从政者应减轻民众的负担，轻徭薄赋，使民以时。民众安居才能乐业，国家才不易发生动乱，社会才能稳定发展。

富民，就是让百姓衣食无忧，生活富足。春秋时期管仲提出"凡治国之道，必先富民"（《管子·治国》）作为治国的指导思想和"仓廪实而知礼节，衣食足而知荣辱"（《管子·牧民》）的经典理论。富民是固邦强国的基本条件，如果不从根本上解决人民的生计问题，国家的安定和富强就难以实现。民富则安，民贫则乱，物质需要得到满足，是人得以生存的基础，也是社会稳定的前提。

乐民，一方面指统治者应切实为民众的利益着想，让百姓生活安乐；另一方面指统治者亦应拉近与民众之间的距离，与民同乐。正如孟子所言："乐民之乐者，民亦乐其乐；忧民之忧者，民亦忧其忧。"（《孟子·梁惠王下》）孟子强调从政者应心系天下、胸怀百姓，要与民同甘苦共荣辱，才能受到民众的拥戴，政权才能得以稳固，社会才能得以稳步发展。"以民为本""安民富民乐民"的思想体现了执政者对百姓地位的重视，民本思想的提出与推行，对于当时恢复和发展生产、缓和社会矛盾、维护社会稳定起着积极的作用。

中国历代思想家和政治哲学家经过不断地思索和探索形成的民本思想，具有极其丰富的思想内涵和较为健全的实践价值，是古代政治思想的重要特征，是历代王朝从政所秉承的重要原则，对历史发展和社会进步产生过积极的推动作用，在当今社会亦具有重要意义和价值。

但古代的民本思想维护的是统治阶级的利益，主要目的是稳固统治者的权力和地位，这与"以人为本"的科学发展观有本质的区别。中国共产党以全心全意为人民服务为宗旨，把人民的利益看得高于一切，这与民本思想具有完全不同的世界观、历史观和价值观。尽管如此，以民为本的政治主张所蕴含的优秀德治传统仍然具有值得借鉴的当代价值，经创新性发展，可焕发出新的生命力。

习近平总书记在党的十九大报告中指出："人民是历史的创造者，是决定党和国家前途命运的根本力量。"当前，中国共产党正带领全国人民为实现中华民族的伟大复兴而奋斗，需要吸取古代民本思想的精华，这就需要从政者对传统民本思想进行批判地继承，真正认识到人民的力量，在追求人民幸福和国家富强的道路上坚持人民主体地位，坚持全心全意为人民服务的根本宗旨，为人民对美好生活的向往而努力奋斗。

（二）"为政以德""政者正也"的德治思想

"为政以德"是孔子和儒家提出的仁政思想。孔子"为政以德"的政治命题是对周公"以德配天"政治观念的继承、转化和提升，孔子倡导的"政者正也"的政治主张是对周初"敬德保民""明德慎罚"等治理理念的借鉴和发展。"为政以德"语出《论语·为政》，"为政以德，譬如北辰，居其所而众星共之"，意思是用道德教化的手段实施统治，就会像北极星一样，居于一定的方位，群星都环绕在它周围，长治而久安。孔子曰："'尚力'者不得善终，'尚德'者终有天下"，实质上是在强调运用道德教化的方法治理国家的重要性。孔子在《为政》中提出："道之以政，齐之以刑，民免而无耻。道之以德，齐之以礼，有耻且格。"在孔子看来，用行政刑罚的办法治理人民，人民只是暂时免于罪过，却没有廉耻之心；而用"德化"和"礼治"的办法治理人民，人民不但有廉耻之心，且不犯过失。为政以德要求统治者端正自己的行为、以德正人。孔子在回答季康子问政时说："政者，正也。子帅以正，孰敢不正？""君子之德风，小人之德草。草上之风，必偃"（《颜渊》）。孔子强调道德对政治生活的决定作用，主张以道德教化为治国的原则，这个思想对于劝诫统治者不要横征暴敛，减轻人民的负担等方面，具有积极意义。孟子、荀子均继承了这一思想并加以补充阐述，如孟子的"仁政"思想"教以人伦"，反对"杀人以政"的思想，荀子的"以德兼人者王，以力兼人者弱"的思想（《荀子·议兵》），皆是"为政以德"思想的发展。

柏拉图在《理想国》中深入探讨了不同政体的优劣，根据统治人数的多少可以分为一人统治的君主政体、少数人统治的贵族政体和多数人统治的平民政体。他认为一人专制的政府，如果根据好的成文法律来统治，使权利受到强有力的约束，是所有政体中最好的。孔子提出"为政以德"的思想，对于约束统治阶级滥用权力起到了关键作用，类似于柏拉图的这种政治理想。

孔子"为政以德""政者正也"的德治思想尽管存在一定的历史局限

性，且带有道德决定论的倾向，但在当时专制主义的历史条件下，能够提出"德治""仁政"思想，反对苛政、暴政，促进社会稳定，已经蕴藏了令人信服的勇气和智慧。德，不仅是"立身"的根本，也是"立国"的根本。既要重视以德修身，也要坚守从政以德，这是我国传统政治思想的一个显著特点。中国共产党立足现实对传统德治思想进行当代阐释，正如习近平总书记所说，"要治理好今天的中国，需要对我国历史和传统文化有深入了解，也需要对我国古代治国理政的探索和智慧进行积极总结。"习近平总书记要求领导干部要讲政德，认为政德是整个社会道德建设的方向标，并指出立政德，就要明大德、守公德、严私德。因此，有必要对孔子的德治思想批判继承、转化发展，与当前我国加强干部队伍建设、加强依法治国和以德治国有机结合起来，进而推动我国政治文明建设的发展。

（三）"亲""诚""惠""容"的周边外交理念

2013年10月25日，习近平总书记在周边外交工作座谈会上讲话，提出了"亲、诚、惠、容"的周边外交理念。"亲""诚""惠""容"都是优秀传统文化的核心内容，涵养了新时代我国外交方针的理念，是用优秀传统文化培育文化自信的重要组成部分。

"亲"，是"王道"的开端。所谓"亲"，《说文解字》中解释道："亲，至也"。清代学者段玉裁在《说文解字注》中进一步对其加以解释："父母者，情之最至者也。故谓之亲。"所以，如果将"情"按照远近亲疏的程度排序，则"亲"属于我们对父母的情，是情的最高阶段。中国传统文化最独特的思维方式之一，是并不严格限定有血缘关系的人与无血缘关系的人的区别，对父母的至亲会推及到具有间接血缘关系的人，并进而推及到无血缘关系的人，甚至推及到物，因此有了"老吾老以及人之老，幼吾幼以及人之幼"，并进而延展到"亲亲而仁民，仁民而爱物"（《孟子·尽心上》）。传统文化谈论"亲"，可不是仅仅为了表明人文关系中的远近亲疏，而是为了开启"王道"治国的理念。由此得出结论，"老吾老以及人之老，幼吾幼以及人之幼。天下可运于掌。"（《孟子·梁惠王上》）这种以"亲"为起始，以王道为终端，构成了一套完整的外交观念的理论论证。这种基于"亲"的外交理念所推及的王道要比争霸思维所导致的霸道高明很多。具体到当今我国外交实践中，习近平总书记在2013年博鳌论坛上提出"亲望亲好，邻望邻好"，又在2014年俄罗斯索契冬奥会上提出"亲戚越走越亲，朋友越走越近"。"亲"就是"要坚持睦邻友好，守望相助；讲平等、重感情；常见面，多走动；多做得人心、暖人心的事，使周边国家对我们更友善、更亲近、更认同、更支持，增强亲合力、感召力、影响力"。

"诚"是对守信的虔敬态度。如果说"亲"表明了国与国交往的情感厚度，那么"诚"则表明国与国交往守信的虔敬态度。"诚"最早出现在《尚书》中，本意是对神的敬畏态度，后来扩展到对其他事物的敬畏态度，尤其是对守信的敬畏态度。在《周易》中，就开始将"诚"与"辞"建立起关联，"修辞立其诚，所以居业也"（《周易·乾·文言》）。可见，对说话守信的敬畏态度，是有资格成家立业的前提。说话办事信守承诺，保持对说话办事守信的敬畏态度也是治理国家的王道。"先王贵诚信，诚信者，天下之结也。"（《管子·枢言》）由于君王诚信，所以自然吸引其他国家争相与其建立关系。一句话、一件事前面加一个"诚"字，如诚信、诚心、诚实、诚意等，都充分地体现了对所说内容、所做事情的虔敬态度。在我国的外交事业中，中国人说话办事是讲信用的，是守承诺的，传统文化的一个"诚"字充分地体现了中国外交事业的这个特点。尤其是近几年来我们国家倡导的"一带一路"倡议，完全兑现了我们当初的提法，体现了诚。

"惠"，是惠及周边、互利共赢的合作理念。所谓"惠"，孟子的理解是"分人以财谓之惠"，意思就是分给别人好处和利益。但是"惠"决不能仅仅理解为给别人利，因为给别人利还存在着一个态度问题。大家都知道范晔在《后汉书·列女传·乐羊子妻》中的一句话"廉者不受嗟来之食"，这意味着给别人好处还关涉到一个态度问题。而"惠"则表明了一种给别人利益时内心带着的友善情感，因此《说文解字》中将"惠"理解为"惠，仁也"，《尔雅》中将"惠"理解为"惠，爱也"。"惠"是友善地给予别人好处且具有很好的功效，在《诗·邶风·北风》中讲到，"惠而好我，携手同行"，可见"惠"的结果是双方成为好朋友，携手同行，互相帮助，互利向前。通过"惠"的外交方针，可以实现国家与国家之间友好互利的良性局面。正如外交部部长王毅所说，"要本着互惠互利的原则同周边国家开展合作，让周边国家得益于我国发展，使我国也从周边国家共同发展中获得裨益和助力。"近年来，在外交实践中，我们本着"惠"的理念，在考虑自己国家利益的同时，绝不忽略交往国的利益，不仅实现了双赢，也赢得了世界的尊重。

"容"，是对多样性、差异性的尊重。"容"是我们中华优秀传统文化中的又一个重要理念，在我国外交思想中占有重要地位。所谓"容"，《管子》中解释为"并通而不相陵，容也"，意思是说在交往中心里不存在芥蒂，互相理解尊重。"容"在中国传统文化中还意味着一种较高的境界，如"受益惟谦，有容乃大""海纳百川，有容乃大"。所以"容"意味着对差异性和多样性的充分理解和尊重。国际上民族众多、风俗各异，甚至依据自己的民族历史所选择的国家制度、国家道路都具有较大的差异，因此处理国际事务迫切需要对事物多样性的认可及对差异性的尊重和包容。传统文化中"容"这种思想为处理国际交往中出现的分歧与纠纷提供了极具可行性的解决思路。具体到外交实践中，我们提出亚太之大，容得下所有国家共同发展。

习近平总书记指出："家门口太平，我们才能安心、踏实办好自己的事情。"只有拥有一个稳定的周边外交环境，才能更加助力于实现伟大复兴的中国梦。"亲""诚""惠""容"这些优秀传统文化理念仍适用于当今我国外交，是优秀传统文化为治国理政做出的又一重要贡献。

三、为道德建设提供有益启发的中华优秀传统文化

中华民族历来爱好和平、崇尚仁德，倡导礼仪。中华传统伦理文化和道德思想源远流长、博大精深，培育和铸造了中华民族特有的精神气质和道德品格，在中华民族的发展历程中贡献过伟大力量。当今，我国正处于夺取新时代中国特色社会主义伟大胜利的关键时期，学习中华优秀传统伦理文化中的仁者爱人、忠恕待人、道德自省、睦邻和亲等思想，对于提升个人修养、构建和谐社会、树立和践行社会主义核心价值观意义重大。

（一）"人之性善"的伦理源动力

传统文化中的"人性论"之争被普遍认为是中国伦理思想的基础和源动力。孟子提出"人之性善"，因为人人皆有"恻隐之心"的"善端"。荀子

提出"人之性恶",因为人人都有趋利避害的"恶"的本性;人通过学习圣人的礼仪之道"化性起伪"可以表现为善,"人之性恶明矣,其善者伪也"(《荀子·性恶》)。汉代董仲舒认为,人生来就有区分,圣人的人性是善,下等人的人性是恶,绝大多数普通人的人性则是包含着善恶两种倾向的中民之性(《春秋繁露》)。西汉末年的杨雄提出性善恶混的学说(《法言·修身》)。唐代的王安石提出了"性无善恶、善恶由习",宋明理学时期,程颢、程颐提出性有两大类:一类是"天命之谓性",另一类为"生之谓性"。朱熹继承了二程的人性思想,认为性分为"天地之性"和"气质之性"。

  中国传统文化中孕育的伦理观念的思维层次较高。苏格拉底认为"善即知识",一个不善的人是无知的。苏格拉底认为如果我们知道一件事情是好的,那么我们就会去做,如果我们不去做,那么就说明我们并没有真正认识到这件事情是好的,没有真正地认识到就是无知。相比之下,中国传统文化是如何认识"善"的呢?中国传统文化关于"善"观念的认识是以探讨"人性论"的方式展开的,其中最杰出的代表是孟子。首先,孟子论证人性本善,直接上升到了形而上学的高度,认为人性是源自天,"性自命出,命自天降"。只是人们往往不能自己体认良心本心,因此常常需要反躬自问。其次,从经验层面论证人性本善。"所以谓人皆有不忍人之心者:今人乍见孺子将入于井,皆有怵惕恻隐之心;非所以内交于孺子之父母也,非所以要誉于乡党朋友,非恶其声而然也。"(《孟子·公孙丑上》)小孩子落到井里,一个人出手相救的原因是内心"善"的本质自然流露,即"不忍人之心",并不是因为交情、声誉等利害关系。最后,孟子探讨人性,将之与动物进行对比,认为人性之善是"人之所以异于禽兽者"。从孟子对"善"观念的认识的这三个方面来看,第一个"形而上"维度无疑是高级层次的思维;第二个经验层面也具有较高的思维层次,比如黑格尔名著《精神现象学》的副标题是"意识的经验科学",海德格尔也明确地探讨了黑格尔哲学中的"经验";第三个人与动物的区别论是思想家讨论问题的惯常方法,比如亚里士多德认为"人是政治动物"(《政治学》),即人与动物的区别是人是有"政治"性的,马克思认为人与动物的区别在于人的劳动是"自由自觉的劳动"(《1844年经济学哲学手稿》)。从孟子的人性论中就可以看出,传统文化伦理学的思维层级很高,可以有效地培育伦理文化自信。

此外，孟子还高举"舍生取义"的道德旗帜，提出在道德与生死发生冲突时，"生，亦我所欲也；义，亦我所欲也。二者不可得兼，舍生而取义者也"（《孟子·告子上》）。孟子所提倡的道德在自然生命与道德尊严冲突时，极力彰显超乎生命的善的价值所在。此外，在义利冲突时，他坚持"得志，与民由之；不得志，独行其道。富贵不能淫，贫贱不能移，威武不能屈"（《孟子·滕文公下》），提倡能力所及，要兼济天下，能力不及，也要独善其身，这种高尚品格在当今仍具有涵养社会主义核心价值观的现实意义。

"人之性善"是中国伦理文化中一个重要命题，对中国的伦理思想发展产生了深远的影响。但对孟子的性善论，也有学者提出其理性论证缺乏严谨性，无法真正为道德确定一个形而上的根基。例如朱光磊认为，《孟子》文献中关于性善的表述基本上可以分为两类，一类是直接指出人的性善，一类是有关性善的正反案例。如果直接指出人的性善，缺乏详细的论证，只能是一种人性主张，一种非理性的独断。孟子关于性善的正反案例，仍存在循环论证倒果为因、经验归纳逾出界限等问题。固然孟子的这种论证缺乏当代学术严谨性，但我们不能以此来苛求古人，而是应该从其较为松散的语言表述中，寻找其内在坚实的义理内涵。

（二）"仁者爱人"的修养之道

"仁者爱人"是孔子所提倡的仁道的基本内容。《论语·颜渊》："樊迟问仁，子曰：'爱人'。""仁"是孔子提倡的最高道德，是仁者对他人发自内心的真诚的爱护和关切（《四书五经辞典》）。

"爱"在人类价值排序中处于高阶地位。价值，按照我们通俗地理解就是客体满足主体需要。具有价值的观念比比皆是，如安居乐业、勤俭节约、吃苦耐劳、诚实守信、国富民强、公平正义等，而爱处于价值排序中的高阶位置，是因为爱是直接关乎人类能否生存的要素。人是群居动物，一个人要想生存发展不可避免要与其他人打交道。他人将如何对待自己呢？这是一个严肃的问题。孟子提出了人之性善，他是从人与动物的区别角度来看的。荀子批评孟子这个观点，并指出人之性应当是指人和动物共有的性，即人之性恶。孟子与荀子的观点貌似完全相悖，实则仅仅是角度不同而已。从人与动物相区别的角度,则人有"善端"是为善;从人与动物相同角度讲,则人有动物般的"趋利避害"是为恶。那么,从总体看,人必定是善恶的统一体。我们要惩恶扬善,但切不可小觑恶。从理性角度看:柏拉图提出"人是理性的动物",在近代这种理性的人被演化成了"经济人"假设,这个经济人是理性的,行为特征是"趋利避害",而趋利避害就是荀子所说的恶。荀子提出,"人之性恶明矣,其善者伪也",为了"化性起伪"必须学习圣贤礼仪说教,劝导人从善。

"仁"被大多数学者认为是传统文化中统摄了其他优秀价值的最高价值。传统文化中的优秀品质很多,如"克己复礼",能够做到便算作仁;如宽、恭、信、敏、慧,是仁的具体表现,能够做到这些也算是仁。孔子曰:"能行五者于天下为仁矣。恭、宽、信、敏、惠。恭则不悔,宽则得众,信则人任焉,敏则有功,惠足以使人。"(《论语·阳货》)但是仁与这些观念并不是同等地位的,仁是统摄它们的最高价值。在《论语·八佾》中论述得很清楚,"人而不仁,如礼何?人而不仁,如乐何?"意思是说,礼和乐都非常重要,是非常有价值的观念,但如果一个人做不到仁,那么礼和乐也就失去了价值。仁在传统文化中的最高价值地位一直被中国人所认可,后世大儒二程,即程颢、程颐在《二先生语》中讲道:"仁义礼智信五者,性也。仁者,全体;四者,四支。"可见,在二程看来,义礼智信与仁并非并列关系,仁是主干,其余四者都是枝节。

仁的本质是爱。爱在人类价值文明的排序中处于高阶地位,而仁被认为是传统文化中的最高价值,那么仁和爱是什么关系呢?有些价值是仁的从属属性,而有些则是仁的本质属性,爱就是仁的本质属性。孔子最早界定了仁的本质是爱,在《论语·颜渊》中记载:"樊迟问仁。子曰:'爱人'。"后来汉代董仲舒也探讨了实现仁的最根本方法,在于爱别人而不是爱自己。"仁之法在爱人,不在爱我",更进一步引申到爱其他动物,并将爱与不爱作为区分是否仁的标准。"质于爱民,以下鸟兽昆虫莫不爱。不爱,奚足谓仁?"大思想家韩愈也明确提出"博爱之谓仁",即具有博爱精神就是仁。

怎样实行"仁"呢?孔子曰:"夫仁者,己欲立而立人,己欲达而达人。能近取譬,可谓仁之方也已。"(《雍也》)孔子还提到:"己所不欲,勿施于人。"(《卫灵公》)实行仁的方法,就是将心比心,推己及人,以爱己之心去爱人。孔子仁爱思想得到孟子的继承和发展:"君子以仁存心,以礼存心。仁者爱人,有礼者敬人。爱人者人恒爱之,敬人者人恒敬之。"(《孟子·离娄下》)。

受所处的社会制度和历史背景的限制,"仁者爱人"的思想不可避免带有封建主义色彩,为维护封建的宗法等级制度服务。因此,有学者对"仁爱"思想持批判态度,认为将"仁爱"放到儒家"仁——礼"系统中去理解和把握,它实质上是扼杀个人自由、戕杀自我意识的愚爱,与现代文明倡导的友爱博爱精神相去甚远。但总体上,"仁者爱人"透视了孔子伦理思想的博爱取向,这种伦理精神,在当今仍具有重要的现实意义,它为和谐人际关系、维护社会稳定、构建友好的国际关系提供了思想资源和价值依据。当今,不管国家还是个人都面临着复杂的利益冲突和多元思想的冲击,如何建立友善、和谐的人际关系和国际关系,"仁者爱人"的思想提供了深厚的智慧资源和内在动力。对国家而言,"亲仁善邻,国之宝也",重视国家交往之间的"仁爱"对建立良好的国际关系意义重大。总之,正如1989年时任联合国教科文组织干事的泰勒博士在孔子诞辰2540年纪念会上论述所言:"当今一个昌盛、成功的社会,在很大程度上,仍立足于孔子所确立和阐述的许多价值观。这些价值观念是超越国界和超越时代的;属于中国;也属于世界;属于过去,也会鉴照今天和未来。"

(三)"己所不欲勿施于人"的黄金律令

"己所不欲,勿施于人"出自《论语·卫灵公》中孔子与其弟子子贡的一段对话。子贡问是否有可以一生都遵照执行的言论,孔子答曰:"其恕乎!己所不欲,勿施于人。"意思是说,要宽容,你自己不喜欢的事情也不要强加给别人。这是孔子认为的,一生首先要遵照执行的伦理法则。20世纪90年代初,世界宗教大会发表了《走向全球伦理宣言》。该宣言力图解决全球化背景下,不同宗教信仰、风俗习惯的人如何能够和谐共处的问题,并提出了不同宗教和文化的人都能接受的全球伦理构想。该宣言指出,"己所不欲,勿施于人"应当在所有的生活领域中成为不可取消的和无条件的规则。可见,中华优秀传统文化已经开始走向世界并得到了认同。义务论和目的论是伦理领域颇具影响力的两种理论,如果能够证明"己所不欲,勿施于人"比这两种伦理理论更具解释力和现实意义，那么就容易理解《走向全球伦理宣言》将其收录的原因。更为重要的是，这些优秀传统文化使国人提升了伦理文化自信。

"己所不欲，勿施于人"有助于解决义务论伦理学和目的论伦理学的一些难题。义务论伦理学和目的论伦理学都追求善和正当，分歧在于义务论伦理学认为正当是独立的，高于善；目的论伦理学认为善是独立的，高于正当。因此，义务论的伦理学认为行为必须遵照某种道德原则进行，强调的是道德义务和责任的决定性。义务论伦理学不考察行为的结果，而关注行为是否符合道德法则、动机是否良善、是否出于义务等。正如义务论伦理学的代表康德所说的一些准则，比如"人是目的"，意味着一个人在任何时候都不能将别人作为工具，同时自己不能成为任何人的工具；而目的论伦理学则认为善是独立的，高于正当。因此，目的论伦理学偏重于依据行为的结果是否良善来判断是否符合道德，如将快乐、幸福或者是有用作为首要的和独立的要素来看待。粗略讲来，义务论伦理学由于过度强调了正当的义务，而在一定程度上忽视了快乐、幸福或者有用，难免陷于太多沉重，曲高和寡，而目的论伦理学过于强调快乐、幸福或者有用，而在一定程度上忽视了责任和义务，难免陷于庸俗。"己所不欲，勿施于人"的优越性在于它关注的是交互主体，强调的是互惠性。我不愿意的，也希望别对你做和你别对我做；我愿意的，也希望能对你做和你对我做。其所蕴含的互惠性可以免于目的论伦理学的庸俗之嫌，其所蕴含的宽恕性可以免于义务论伦理学的沉重与强制，因此"其恕乎！己所不欲，勿施于人"或许是解决二种伦理学的困境之路，至少提供了具有同等高度的伦理学借鉴。

"己所不欲，勿施于人"具有很强的现实意义。诚然，"己所不欲，勿施于人"是以"己所不欲"为逻辑前提的，但"欲"是千差万别的，"己之不欲"不等同于"人之不欲"。因此，这个伦理金律，隐含着一个强制性的前提，即关涉的双方具有一定类似的善恶偏好，如我所偏好的会认为你也有此偏好。就这一点，像尼采这样强调"权力意志"、强调个体独一无二性质的思想家是无法接受的，因此尼采会斥之为"群氓"的弱者伦理学。但实际上，大可不必完全陷入这种极致的"对因果序列的无限追溯"的理性陷阱。事实证明，人类的绝大部分伦理观念是相同的。有哪个民族会认同说谎是对的，自杀是对的呢？正是在这个意义上，黑格尔在《精神现象学》里，认为伦理是"真"观念。在我们所处的伦理共同体中，大抵上还是"人同此心，心同此理"的，因此有学者也指出："要能够过最好的生活或实现善，必须靠人的共同努力，遵循一定的实践价值观。"可以说，正是"己所不欲，勿施于人"这种避免了将因果序列演绎到极致的理性奸佞，使得其更具有广泛的现实性和可操作性。

进入21世纪，世界正处在一个大发展大变革大调整时期，仍面临着诸多严重的问题，如霸权主义与强权政治、国际恐怖主义、贫富差距与发展不平衡、生态环境遭到破坏、宗教和民族纷争等。"己所不欲，勿施于人"强调平等对待每个人、每个国家、每种文化，并使之享有发展的平等权利。作为不同文化系统的共享价值观和行为规范，"己所不欲，勿施于人"坚持人与人、国与国交往中平等和相互尊重的原则，对处理好人际交往和国际关系、化解当今世界危机、构建人类命运共同体提供理论支撑和有益启示。"己所不欲，勿施于人"与中国一贯倡导的尊重世界文明多样性、以文明互鉴超越文明冲突、维护世界和平、促进共同发展的外交理念有诸多相通之处，足以见证它的时代价值和强大生命力。

"己所不欲，勿施于人"这一金律同样能为解决生态环境问题提供思想滋养。"己所不欲，勿施于人"蕴含儒家的忠恕之道，它以"爱人"为最基本、最核心的宗旨。忠恕之道不仅限于"爱人"，它也延伸到"爱物"，如"民吾同胞，物吾与也"（《正蒙·乾称》）、"亲亲而仁民，仁民而爱物"（《孟子·尽心上》）、"博爱之谓仁"（《原道》）等。儒家的忠恕之道内含处理好人与人之间的关系和处理好人与物的关系两层寓意。因此，共同承担环境保护的义务实质是在实行忠恕之道，要真正爱己及他，若只顾自己的眼前利益，"吃祖宗的饭，断子孙的粮"，环境保护和可持续发展便无从谈起。

总之，"己所不欲，勿施于人"能够被写入《走向全球伦理宣言》，足以说明我国古代圣哲在修身明德方面的思想智慧，也足以提振我们对中华优秀传统文化的信心！

第四章 大学生优秀传统文化教育的必要性及对策

第一节 大学生优秀传统文化教育的必要性及理论依据

一、大学生优秀传统文化教育的必要性

党的十七大报告明确指出："推动科学发展，促进社会和谐，为夺取全面建成小康社会新胜利而奋斗。"和谐社会，应该是"民主法治、公平正义、诚信友爱、充满活力、安定有序、人与自然和谐相处"的社会。胡锦涛精辟凝练的阐明了社会主义荣辱观——"八荣八耻"，就是对我们优秀传统文化道德的提炼，也体现了当今时代的公民教化趋势所在。那么，如何推动和谐社会的顺利发展？笔者认为，其中推动和谐社会发展的一个非常重要的因素就是文化的教育作用，而文化力量的来源，追本溯源还应回归到中华优秀传统文化中有关"天人合一"的思想中来。中华优秀传统文化一个显著的特征，就是讲求天人合一，注重和谐与融合，蕴含了丰富的和谐理念与精神要义。老子强调了人和自然是对立统一的矛盾体，必须尊重自然规律，表达了人与自然需和谐相处的需要和希冀。孟子主张"老吾老以及人之老，幼吾幼以及人之幼"，表达了个体对群体的博爱与奉献精神。承担这项构建社会主义和谐社会使命的主体就是即将进入社会的年轻一代即大学生，利用优秀传统文化加强对大学生的思想政治教育，有利于培养他们建设和谐社会的自觉理念，正确处理人与人、人与社会、人与自然的关系，必将对和谐社会建设的步伐产生举足轻重的影响。因此，开展大学生优秀传统文化教育是建设社会主义和谐社会的必然要求。

（一）是构建大学生思想政治教育文化底蕴的需要

将中华优秀传统文化与大学生思想政治教育结合起来，归根结底是要构建起大学生思想政治教育文化的底蕴。今天的中国当代文化，是由中国传统文化、马列主义文化和西方文化三元汇一、浑然一体的交融会通型文化。中国传统文化依附于家庭血缘、伦理道德，通过本土的语言传递，在整个中国文化中保持了一种悠久并且博大精深的基础文化地位。马列文化在近一个世纪的输入和发展中，也已成为中国文化的一种十分深厚的当代传统，并与我国的当代制度发生根本性联系，成为主导性意识形态文化。而西方文化，尤其是近代以来的自然科学文化，在中国的物质文化实践中也居于重要地位。这三种文化基于中国国情和现实的融合，对立统一，相互促进。这种以马克思主义为指导，吸取了中华民族和世界优秀文化精髓，是以为人民服务为宗旨的社会主义新文化，这正是：当代人生所必须正视并深刻学习和领悟的，这是构建大学生思想政治教育文化底蕴的关键所在。

（二）是丰富大学生思想政治教育资源的需要

几千年的文明历史，孕育了中华博大精深的文化体系和文化遗产，涵盖了自然科学和社会人文学科在内的众多文化瑰宝，其中包括中国古代哲学智慧，如天人之辩、动静之辩、名实之辩、形神之辩等；中国古代伦理道德传统，如人性善恶之争、"为人处事"之道的探寻、义利欲理志功生死之辩等；中国古代宗教思想儒家、道家、佛教思想等中国古代教育典籍及学派；中国古代文化传统包括诗经、楚辞、先秦散文、汉赋、唐诗宋词元曲、明清小说等；中国古代的艺术传统包括建筑、雕塑、书法、绘画、音乐、戏曲等；中国古代的史学传统，如《史记》、《资治通鉴》、《史通》等，还有中国古代科学与技术的文化传统等，题材众多、主题鲜明、内容丰富，为思想政治教育提供了取之不尽、用之不竭的教育资源。这些传统文化虽然形式各异、内容丰富多彩，但都显示出朴素的爱国主义传统、集体主义精神、伦理道德观念、理想人格塑造、人与自然和谐共处等文化精髓，尽管面临多次挑战，但一次又一次地表现出顽强的生命力，显示出中华民族自强不息的奋斗精神。这些宝贵的文化资源都是对大学生进行思想政治教育的优秀资源，在当今社会，仍然具有重要的思想政治教育作用。

(三)是增强大学生思想政治教育实效性的需要

如何提高高校德育的吸引力和实效性,是高校德育理论和实践的一个重要课题。在传统的思想政治理论教育中,包括思想政治理论课教学、理论专题讲座、校内条幅宣传、校报专刊等活动,为促进大学生思想政治教育起到了一定的作用,但效果总是差强人意。究其根源,传统的思想政治教育重理论而轻实际、重说教而轻渗透,空洞乏味,缺乏吸引力。大学生由于主体意识的觉醒,从本性上讲不愿意接受强制教育,对改变其价值观念的道德教育有一种本能的抗拒性。而如果将丰富、形象、生动的传统文化以赏析或讲故事的形式寓于德育内容之中,会使德育教育更生动活拨,更易为学生所接受,起到潜移默化的教化作用,是一种变传统的灌输型、管制型为内化型、吸收型的教育思维,是一种变单纯"灌输"为"文化渗透"的思想教育方式。例如,在对大学生进行"孝文化"教育时,可以把古代中国的《二十四孝图》融合进行,通过图片展示结合生动的故事解说,向学生渗透孝顺父母、体恤父母的思想情怀,它更容扬使学生对所传播的思想观念、道德修养真正信服并接受,由被动要求转为主动需要,这为提高思想政治教育的有效性提供了新的形式和手段。另外,教师要注意和学生进行平等、民主、地交流和讨论,对学生加以正面的引导,加深学生对优秀传统文化中主流思想和价值的理解和认同。

二、大学生优秀传统文化教育的理论依据

(一)马克思主义的需要理论

马克思主义的经典作家从历史唯物主义的角度出发,对人的需要进行了探讨,创立了马克思主义的需要理论,主要内容包括如下几点。第一、需要是人的本性。马克思曾说:"在任何情况下,个人总是'从自己出发的',……由于他们的需要即他们的本性,以及他们求得满足的方式,把他们联系起来(两性关系、交换、分工),所以他们必然要发生相互关系。"这里,马克思指出了:人的需要是人的本性。正由于人的内在需要才产生了动机,从而引发了人们的各种行为。因此,人的需要是人们行为的驱动力。第二、人的需要是多层次的。马克思、恩格斯曾"将人的需求大体上区分为三个层次,

即生存需要、享受需要和发展需要"。生存需要是人的最基本需要，马克思、恩格斯在《德意志意识形态》中指出："我们首先应当确定一切人类生存的第一个前提……这个前提就是：人们为了能够，创造历史，必须能够生活。"这是说，生存需要是基础，生存需要推动了人类最初的活动。享受需要是建立在生存需要基础上的更高层次的需要，是一种优化生存条件的需要。恩格斯曾同意拉甫罗夫的主张：人不仅为生存而斗争，而且为享受，为增加自己的享受而斗争。"随着生产力的发展，人们不仅生产生活必需品，而且也生产奢侈品。随着享受需要的发展，奢侈品也将不断普及化，"以前表现为奢侈的东西，现在成为必要了。发展需要是人们为了完善自我而产生的需要，它是比生存需要和享受需要更高层次的需要，它是个人和社会所追求的目标。因此，《共产党宣言》指出"每个人的自由发展是一切人的自由发展的条件"。马克思主义的需要理论与马斯洛的需要理论是不同的。马斯洛的需要理论是从人本主义心理学的视角出发，而马克思主义的需要理论是从历史唯物主义的视角出发。马克思主义的需要理论是本研究的理论基础。开展大学生中华优秀传统文化教育，首先就需要大学生对中华优秀传统文化产生自我需要。否则，大学生就不可能把中华优秀传统文化的内容内化在心中，更不可能实现外化。在此情况下，大学生中华优秀传统文化教育的目的就不可能达到。引起大学生需要的因素有很多，个人兴趣、特殊情感等是其主观因素，外界的强烈刺激等是客观因素。为此，本书就是建立在马克思主义需要理论的基础上，把引起大学生需要的主观、客观因素结合起来，探求大学生中华优秀传统文化教育的路径。

（二）人的全面发展理论

人的全面发展是历史唯物主义的重要理论。所谓全面发展，是针对资本主义的畸形发展、片面发展而言的。在私有制下，由于旧式分工的存在，人们被束缚于一种工作职能上，这就造成了人的畸形、片面发展，人们也就只能承担一种社会职能。人的全面发展就是要改变这种状态，使人们成为"会做一切工作的人""高度文明的人"。当然这里的人并非指单个人的"个别性"，而是指"全体成员"，是社会中的每个人都能得到普遍发展。

人的全面发展理论是内涵丰富的命题，就其内容而言，主要包括三个方面。首先，人的全面发展是个人能力的全面发展。个人能力的全面发展就是要"全面地发展自己的一切能力",这些能力包括个人的智力、体力、自然力、社会能力、现实能力、潜力等。其次,人的全面发展就是个人社会关系的丰富和发展。人都是社会中的人,由于地域、个人等因素所形成的社会关系也会制约着人们的主体能动作用的发挥。基于此,马克思曾说:"社会关系实际上决定着一个人能够发展到什么程度。"因此,人的全面发展就需要突破这些社会关系的束缚,使个人社会关系高度丰富和发展,从而实现人的能力的充分发展。最后,人的全面发展是过程性发展。在《1857—1858年经济学手稿》中,马克思曾把人的发展分为三个阶段:"人的依赖关系(期初完全是自然发生的)是最初的社会形态""以物的依赖性为基础的人的独立性是第二阶段""建立在个人全面发展和他们共同的生产能力成为他们的社会财富这一基础上的自由个性,是第三个阶段"。这是马克思从历史唯物主义的视角出发,对人的发展阶段的论述。他看到:人的全面发展要受到社会实践、历史条件等诸多因素的制约。因此,人的全面发展不可能一蹴而就,而是需要经历许多相对发展的历史阶段,最终才能实现全面发展。

人的全面发展理论是本研究的理论基础,本研究也需要人的全面发展理论的指导。大学生是社会主义事业的建设者和接班人,全面建成小康社会和实现中华民族的伟大复兴的中国梦,迫切需要他们全面发展。因此,人的全面发展理论对于大学生的成长成才具有重要的指导意义。实现大学生的全面发展,就需要对大学生实施教育。中华优秀传统文化中拥有处理社会关系、人际关系等方面的准则,这些有益于促进大学生的全面发展。正由于人的全面发展是一种趋势,是一种目标,有益于引导大学生成长成才,因此人的全面发展理论可以作为本研究的理论基础。

第二节　开展大学生优秀传统文化教育的对策

一、坚持正确的思想导向，使优秀传统文化与大学生思想政治教育相适应

（一）坚持马克思主义与优秀传统文化相结合的基本方针

中国传统文化是中华民族生生不息、团结奋进的不竭动力。开展大学生优秀传统文化教育的本质是为了构建起大学生思想政治教育的文化底蕴，以便更好地加强和改进大学生思想政治教育，而这个文化构建的实质就是如何将中国优秀传统文化与马克思主义结合起来。大学生优秀传统文化教育的开展要在马克思主义思想的指导下，全面、科学、正确地认识中国传统文化，取其精华，去其糟粕，使之与当代社会相适应、与现代文明相协调，保持民族性，体现时代性。马克思主义是我们立党立国的根基，也是开展大学生思想政治教育的根本指导思想。马克思主义作为一种外来的文化思想，它之所以能够被中国人民所理解、接受和认同，成为中国社会主义的根本指导思想，就是因为马克思主义并非狭隘的关注于欧洲的政治文化和社会发展实际，而是对整个世界历史和人类文明发展历史的阐释，马克思主义与中国的传统文化是相互融合和促进的，它的理论体系包括了中国传统文化在内的人类文明的积极成果。马克思主义主要由马克思主义哲学、马克思主义政治经济学、科学社会主义三大部分构成，中国传统文化与马克思主义这三大方面都有相应的契合点。诸如，唯物辩证主义与中国传统的辩证思维的融合，老子讲"有无相生，难易相成，长短相形，高下相倾，声音相和，前后相随"，中国古代寓言"塞翁失马，焉知非福"所阐释的发展变化原理，这都是符合马克思主义哲学关于事物的统一性和矛盾性、普遍性与特殊性、量变与质变的辩证关系的；历史唯物主义认为，"人民群众是历史的创造者，是社会变革的决定力量"肯定了人民群众的重要作用和地位，而中国传统文化自古就有着朴素的民本思想，如"民为贵，社稷次之，君为轻"、"水能载舟，亦能覆舟"等都体现出对于人民大众的重视；

科学社会主义中指出的共产主义的奋斗目标与传统文化中的"天下大同"的政治伦理思想等,都体现了马克思主义与中国传统文化理论上的相似性和共同性,为中华民族传统文化与马克思主义的相互适应和促进奠定了良好的基础。

(二)加强社会主义核心价值观教育,引导大学生自觉抵制不良文化的侵蚀

党的十六届六中全会首次提出了"社会主义核心价值体系"的命题,十七大报告对此再次作了强调。社会主义核心价值观就是坚持马克思主义指导思想,坚持中国特色社会主义共同理想,坚持以爱国主义为核心的民族精神和以改革创新为核心的时代精神,坚持社会主义荣辱观,这就为大学生优秀传统文化教育的顺利开展提供了坚强而有力的指导。我们要将社会主义核心价值观融入到大学生传统文化教育中去,用马克思主义的理论武装大学生的头脑,成为其自觉践行的价值理念,自觉抵制西方腐朽文化的侵蚀及其他非主流的、低俗文化的毒害。坚持马克思主义的指导地位不动摇,坚持马克思主义的立场、观点、方法,解放思想,实事求是,加强理想信念教育,逐步引导大学生认识社会思想意识中的主流和支流,在错综复杂的社会现象中看清本质、明辨是非;教育大学生坚持中国特色社会主义共同理想,引导大学生树立共产主义远大理想,为建设中国特色社会主义事业不断努力;坚持用民族精神和时代精神激励大学生,继承爱国主义为核心的团结统一、爱好和平、勤劳勇敢、自强不息的伟大民族精神,如"天下兴亡,匹夫有责""富贵不能淫,贫贱不能移,威武不能屈""先天下之忧而忧,后天下之乐而乐"等民族优良传统;与此同时,必须坚持与时俱进,勇于改革、敢于创新,适应不断变化和发展的社会形势;坚持用社会主义荣辱观加强对大学生的个人道德修养和公共道德培养,帮助明确当代大学生所应遵守的基本价值取向和行为准则,继承中华民族优良品德,知荣明耻,完善自我,形成和谐的人际关系和高尚的道德品质。高校是先进文化的引领者和优秀传统文化的传播者,高校必须充分发挥自身的主体作用,要把传播和建设积极、健康向上、高品位的校园文化为己任,通过加强社会主义核心价值观教育,引导学生自觉抵制不良文化的思想侵蚀;切实加强和改进大学生优秀传统文化建设,通过校园第一课堂教学和第二课堂社会实践活动等,认真设计和组织内容丰富、形式多样、感染力强的思想道德修养、传统文化知识普及、文体娱艺等相互交叉的传统文化教育活动，发挥自身组织优势，使大学生能够在传统文化教育的活动中受到潜移默化的熏陶和感染，陶冶情操，不断提高思想认识和个人道德修养，促进大学生的全面、健康、可持续发展。

二、高校要强化利用优秀传统文化开展思想政治教育的观念

（一）高校要建立健全大学生优秀传统文化教育领导体制

任何一项工作要得到顺利的开展，必须要有相应的、可靠的组织机构保障，同样开展大学生优秀传统文化教育也需要构建一个专门负责该项工作的组织机构，以保证教育的正常开展，满足工作需要。因此，高校要建设优秀传统文化教育学术与管理组织，建章立制。首先，要成立优秀传统文化教育学术组织即"优秀传统文化教学专家委员会"，整合学校优秀师资，负责大学生优秀传统文化教育教学与学术发展等重大问题进行指导、评估、审议和决策，以提升质量为核心推进课程建设。其次，要建设大学生优秀传统文化教育管理部门，统筹、协调、服务传统文化教育工作，建议高校建立由党委宣传部、校团委、教务处等各部门组成的领导小组，具体分工如下：党委宣传部门牵头，统筹安排；校团委以及学校二级学院团委等负责大学生优秀传统文化第二课堂文化活动的策划、宣传、组织、动员和实施工作；教务处负责制定相应的传统文化选修课和必修课程方案，建章立制，保障传统文化教育工作有序开展。此外，要建立传统文化教育质量监控和评价体系，主要包括课堂教学体系的评价和课外活动组织实施的质量监督和评价考核体系等。

（二）高校开展大学生优秀传统文化教育应坚持正确的教育原则

1. 坚持批判和继承相结合的原则

高校应注意到中国传统文化具有两重性的特点，因而全盘否定、彻底批判或者全盘吸收、生吞活剥的学习态度都是不可取的。必须注意取其精华、取其糟粕，将批判和继承结合起来，用历史唯物主义的科学观点和方法，批判地继承中国传统文化的精髓，在吸收的过程中合理地进行推陈出新，找出对开展大学生思想政治教育工作有益的、有利的方面。

2. 坚持创新性原则

马克思辩证唯物主义认为，物质世界处在永恒的运动、变化、发展之中，任何一种文化和思想的形成都是特定时代、特定历史条件下的必然产物。因此，对于传统文化也应该根据当今时代发展的要求，不停地、不断地开拓创新，有所发现、有所创新、有所突破，开展具有时代特色的、符合大学生实际特点的优秀传统文化教育活动。

3. 坚持理论学习与社会实践相结合的原则

开展大学生优秀传统文化教育，理论学习层面上的研读经典对于大学生把握传统文化的精髓无疑是重要的途径之一，但同时必须重视与社会实践相结合。中国许多优秀传统文化的诸多内容是以非文本的形式传承下来的，如交往礼仪、衣食住行、传统节日等。因此，要将经典研读与社会实践、静态学习和动态学习结合起来，丰富大学生传统文化教育的第二课堂活动，相互参照、相互印证和补充。

4. 坚持渗透性原则

随着改革开放和市场经济的不断发展，大学生的主体意识不断觉醒，主体地位得到加强，其思维方式、价值观念和道德行为也发生了深刻变化。传统的"灌输式""僵化式"的说教已经很难达到思想政治教育的效果。因此，开展大学生优秀传统文化教育必须遵循渗透性原则，使学生能够在潜移默化中接受传统文化的熏陶和感染。通过加强校园软环境建设和硬环境建设，以及丰富多彩的校园传统文化教育活动，实现隐性思想政治教育应有的效果。

三、构建多维立体的大学生优秀传统文化教育平台

（一）高度重视优秀传统文化教育进课堂工作

课堂是进行教学活动的主要场所，是育人的主要渠道，教师通过运用自己的智慧和知识储备，让学生在理解的基础上进行情感体验，道德实践，规范行为。因此，开展大学生优秀传统文化教育应该特别重视课堂的作用，制定出符合大学生自身特点和实际情况的培养方案，以高等教育"培养人"为根本目标，通过思想政治理论课和设选修课、必修课等途径，从规范课堂教学、完善

教材和师资建设出发，加强对大学生传统文化的熏陶和感染，提升大学生的传统文化修养和道德品质，以此推动传统文化教育教学改革，探索"课程教材师资"建设一体化的传统文化教育教学发展模式。

首先，高校的思想政治理论课教学中应适当地融入中国传统文化中的精髓。思想政治理论课主要包括马克思主义理论课、思想品德课和形势与政策等，是对大学生进行思想政治教育的主渠道、主阵地。因此，开展大学生优秀传统文化教育，应该以思想政治理论课为依托，在教学过程中适当地加入传统文化内容，增强思想政治理论课的生动性和感染力，提高大学生思想政治教育的实效性。比如：在讲到爱国主义精神这一重要内容时，教师就可以选取中国古代经典的爱国主义事迹和人物，文天祥的"人生自古谁无死，留取丹心照汗青"，范仲淹的"先天下之忧而忧，后天下之乐而乐"，林则徐的虎门销烟，龚自珍的"我劝天公重抖擞，不拘一格降人才"等；讲思想道德修养和高尚人格的塑造，教师可以选取传统文化中的修身思想，如孔子所讲的"自省""克己""忠恕""慎独""中庸""力行"，孟子所讲的"富贵不能淫，贫贱不能移，威武不能屈"、"穷则独善其身，达则兼善天下"等等，引导大学生自觉加强自身修养，不断追求崇高人格；讲社会公德和家庭美德，教师可以选取儒家关于孝道的阐释，如孔子讲"父在，观其志。父没，观其行。三年无改于父之道，可谓孝矣"，孟子曰："世俗所谓不孝者五：惰其四支，不顾父母之养，一不孝也；博弈好饮酒，不顾父母之养，二不孝也；好货财，私妻子，不顾父母之养，三不孝也；从耳目之欲，以为父母戮，四不孝也；好勇斗狠，以危父母，五不孝也"等。

需要注意的是，首先思想政治理论课中的各门课程对传统文化素材的选取应有所侧重，注意材料选取的科学性和隐蔽性，不能牵强附会、面面俱到，要选择经典的、有说服力的素材，使的大学生在潜移默化中受到传统文化教育的熏陶和感染，最终实现育人的效果。其次，高校要加快开设有关传统文化教育的选修课。《国家"十一五"时期文化发展规划纲要》第三十条要求"高等学校要创造条件，面向全体大学生开设中国语文课。加强传统文化教学与研究基地建设，推动相关学科发展"，明确地指出了对大学生开展传统文化的必要性和紧迫性。当前，在当前的大学教育中，理工应用性学科备受青睐，而人文社科类学科缺发展薄弱，尚未受到应有的重视。当前很多高校的大学生，尤其是理工科学生，传统文化底蕴严重不足，对传统文化的了解甚少、理解层次肤浅。

那么，要改变这一严峻的现状，使优秀传统文化能够实现代代相传和发扬创新，非常重要的一点就是高校在制订教学计划时，应适量地增加中国传统文化教育方面的人文社会科学类的课程，为大学生系统地学习传统文化提供课程平台，以选修课或者必修课的形式，计算学分，列入教学大纲，纳入学校课程体系。通过参加传统文化教育的课程的学习，让大学生系统地、全面地了解中国传统文化，包括其发展起源、演变历程、内涵本质、精髓要义等，学习传统文化知识，领略传统文化精华，进而弘扬传统美德，发扬传统民族精神。

具体途径有，一是开设中华民族传统文化方面的概论性必修课，如中国传统文化概论、中华传统文化精神、中华传统文化通论等，使大学生能够对中国传统文化各方面的发展有一个比较系统和全面的认识和把握，此类为大学生必须要选修的课程；二是结合各学科专业特点，有针对性地开设民族传统文化的选修课，如中国古代哲学、古代文学、古代书法绘画、古代科学技术、古代建筑、古代服饰等，使大学生能够在了解传统文化的基础上，根据自己的爱好和兴趣进行选修，确保了教育的科学性。通过以上课程的开设，使大学生了解中国传统文化，领悟传统文化精神，进而培养民族情感。

此外，要严格规范传统文化学习的考试，为切实保证传统文化教育的效果落到实处，教师应加强对课程考核环节的把握，包括期中考试和期末考核，实行开卷考试的方式，采取写论文或者读书报告的形式，使学生在阅读原著的基础上，撰写论文，论文的具体内容由任课教师根据实际情况进行指定，设定范围如"儒家、道家、墨家、法家教义的精髓解读"、"中国诗歌发展历程的思考"等，再有学生可以根据自己的兴趣进行自由选题。对于论文的撰写，要有学生自己独到的简介和思考，不得抄袭他人，这就在客观上促使学生积极主动地搜集材料，研究古代经典著作，提出问题、分析问题、解决问题，在学习的过程中，加深对中国传统文化的思考和认识。

其次，高校要积极规划出版传统文化教育课程系列教材。近年来，在众多学者和国家有关出版部门的共同努力下，出版了一系列有关传统文化教育方面的课程教材，例如《中国传统文化概论》《中国传统文化通论》《中国传统文化精神》等书籍，有的也已经作为大学生优秀传统文化教育的教材进入课堂实践环节之中，但在使用过程中也暴露出一些明显的问题和缺陷，如教材内容大而空、隐晦难懂、难以引起学生的兴趣。

此外，由于中国传统文化教育方面的教材编写工作和相关资源建设一直没有得到必要的支持，致使各高校教育效果不佳。因此，今后必须充分重视教材建设工程，选取传统文化知识丰富、有经验、负责任的专家学者，组建由多方面专家组成的传统文化系列教材编审委员会，在对现有教材分析研究的基础上，积极创新，编写出高水平、高质量、教师满意、学生喜爱的大学教材。

教材的编写应注意以下几个方面：①教材编写的指导思想应以"传播中华民族优秀传统文化、提升大学生优秀传统文化素养"为主要指导思想，突出一定的实用特色，并不断加工修改和提高质量，以保证教育实效性；②教材内容的选取应结合现阶段高等教育的特点和大学生的知识需求倾向，尽量选取那些代表性、说服力好、与大学生实际生活和学习密切相关，对提高学生文化素养有一定帮助的中华优秀传统文化思想、社会生活、文学艺术、节日风俗等内容进行阐述；③教材编写的风格上，应遵循图文并茂、通俗易懂、简洁明快、思想深邃的理念，实现知识性、趣味性、可读性于一体的教材编写成效，深入分析和揭示传统文化所蕴含的精髓内涵，展示中国传统文化的优良传统和魅力；四是，教材编写的方式上应尝试"以实为主，将问题穿插到经典作品原文，以作品印证问题"的方法，逐步将全国的优秀传统文化课教材建设引向健康发展的轨道。此外，为了更好地推动教学工作的需要，还应组织出版与传统文化教育教学互相配套的教学资料，如相关讲坛、相关演讲等，为传统文化教育提供教学资源支撑。

最后，要努力提升教师的传统文化素养。做好大学生优秀传统文化教育的课堂教学工作，优质的师资力量是教育的先决保障条件，教师传统文化素养的高低决定了教学过程的实效性，决定了能在多大程度上带动大学生传统文化素养的提升。教师只有具备了较高的民族文化素养，才有能力对优秀传统文化的精髓进行深入挖掘和阐释，才有可能更好地吸引和感染学生，使学生得到优秀传统文化的熏陶和感染。由于历史上的原因，中国传统文化的传承一度出现了严重断层，中国传统文化的研究人员也同样严重匮乏，这种历史上的遗留问题一直延续到现在。目前，高校很多教师的传统文化素养不容乐观，教学过程只重视知识的传授，忽视了对学生思想上的教育和引导，不能很好地发挥传统文化育人的作用。

因此，现阶段要大力提升高校教师的优秀传统文化素养，包括传统文化的理论知识丰富度、对传统文化的认识水平和理解深度及自身的道德修养和高尚品质等，在这个师资前提下，培养大学生提高传统文化修养的自觉性，培育学生的爱国主义情怀、诚信精神，"天下兴亡，匹夫有责"的责任感及自我修身和品德提升。具体途径是，从培训教师入手，加强师资队伍建设。通过参加国学名师讲座学习、参加学术交流研讨活动、承担相关课题研究、派出学习等方式，提升他们的传统文化知识和素养，建设一支高学历、高水平、高传统文化素养的综合全面发展的大学教师队伍，培养一批传统文化教育的青年学术骨干，做好大学生的传统文化教育工作。教育者对学生进行教育应力求做到"言传身教"，一方面要通过具体的讲解和理论阐释对学生进行"言传"；另一方面，要通过提升自身的道德修养和高尚的行为品质对学生进行"身教"，在言行中使学生加深对传统文化的认同，进而内化为自身的行为规范和道德准则，最终实现个人实践行为的外化。

（二）开展优秀传统文化教育第二文化课堂，营造校园文化氛围

首先，高校共青团要加强对优秀传统文化教育相关活动的扶持力度。高校共青团是校园建设的重要主体，是最贴近学生实际的一个校园组织机构，直接承担着部分校园文化建设的功能，是开展大学生优秀传统文化教育第二课堂强有力的组织者、承担者和实践者，能够直接向校党委寻求对大学生优秀传统文化教育的大力支持。高校共青团要充分重视传统文化教育对青年大学生的巨大意义和深远影响，对传统文化教育相关的校园活动和社团组织给予扶持。

首先，要努力为大学生优秀传统文化教育相关活动和社团组织争取经费支持，加大投入，高质量、高标准地配置开展传统文化教育相关的校园文化设施，提供开展传统文化教育的教育资源，满足学生对接受传统文化教育的需要，如学校共青团可以依托校园讲坛资源，邀请知名国学专家做讲座，于丹讲《论语》、易中天品《三国》、刘心武解读《红楼梦》、曾仕强谈《易经》、钱文忠的《三字经》等，把大师、名师请到学校中来，增强大学生对传统文化的理解力和领悟力，激发大学生学传统文化的热情和积极性。此外，要加强对传统文化教活动和中国传统义化社团的指导和管理，包括社团名称、社团宗旨、社团社训以及口号等，规范和引导传统文化教育活动的顺利开展，加强监督，完善活动评价指标体系，表彰和奖励在传统文化教育活动中表现突出的个人和组织，营造浓厚的学习和传播中华优秀传统文化的氛围。

其次，要构筑开展优秀传统文化教育的平台保证并促进发展，主动搭建起学生和社会民间传统文化之间的交流平台，这个平台不仅为大学生提供了又一个了解传统文化的渠道和机会，也将促进中国民间传统文化的继承和发扬光大。一方面，要将学生参与校园传统文化教育活动课程化，将每一次学生参加传统文化教育活动的数量和质量单独记录，包括理论知识学习、实践活动参与，最后进行相应的考核和评价，对于考核合格者，给予相应的学分，并记录在学生的成绩单内。另一方面，要大力活跃校园传统文化社团建设。学生社团是在校学生为丰富课余生活、提高自身技能与素质、开辟第二课堂、活跃校园文化，在自愿的基础上组织起来的群众性团体。社团成员凭借自己的兴趣爱好自发组织起来开展多种形式的有意义的学习活动，在活动中拓宽自己的知识面、完善知识结构，因此社团是学生成长成才的重要载体。

高校应充分发挥社团组织的思想政治教育功能，以社团活动为载体，推动大学生优秀传统文化教育的开展。高校共青团可通过学校社团联合会成立相应的传统文化协会，例如优秀传统文化弘扬与拓展协会、毛笔字书法协会、中国古代乐器协会、中国戏曲爱好者协会等，加大宣传力度，鼓励爱好传统文化的学生加入社团，培养骨干力量，使其保持生命力。传统文化相关社团要积极开展与传统文化相关的教育活动，如举办传统文化艺术节，组织社员观看优秀历史影视剧并展开影评交流，举办传统民间艺术进校园活动制作关于传统文化的手工艺品如剪纸、蜡染、编织、刺绣、风筝等，举办国学经典读书交流会，举办传统文化相关的演讲朗诵和辩论活动，举办"茶文化""酒文化""古文诗词文化等"的交流与联谊活动，组队到历史博物馆、文化馆、旅游胜地等地参观与欣赏，开展传统文化基本常识普及宣传周，提高大学生对传统文化精髓的理解和感悟，使其在活动中接受潜移默化的教育。

最后，要抓住重大教育时机，增强大学生优秀传统文化教育的实效性。"时机"是时间和机会的有机组合，在人们的各项活动中起着关键作用。在开展大学生思想政治教育中，高校政工人员应抓住重要的时间节点开展教育活动。同样，开展大学生优秀传统文化，也要利用重大传统节日教育时机，结合时代主题和爱国主义，开展具有特色的、系列的主题教育。第一，在传统节日期间包括春节、元宵节、清明节、端午节、中秋节、重阳节等，组织"保护传统节日，弘扬民族文化"条幅签名活动及对对联、猜灯谜、舞狮、写词、作诗等活动，宣传尊老爱幼的传统美德、传承优良的民风民俗，让学生了解民族传统文化。第二，在重要的纪念日和宣传日、历史重要事件和重要人物纪念日适时进行教育，开展主题班会、节日活动等。如：利用教师节，在大学生中开展尊师重教的中华传统美德教育；在学校内部重要的活动中，利用开学典礼、毕业典礼、升旗仪式、学校体育运动大会、艺术节等，对学生进行诚信教育、行为礼仪教育、遵纪守法教育，培养大学生团结和谐、诚实守信、关爱他人的品格，营造浓厚的"精神文明建设"氛围。总之，要把"弘扬和培育民族精神"教育活动和加强校园文化建设结合起来，提升大学生的传统文化素养。

（三）加强优秀传统文化图书资源建设

高校图书馆是知识的殿堂，是大学生获取精神食粮的重要阵地。开展大学生优秀传统文化建设应充分利用好图书馆文献、书籍等丰富资源，发挥图书馆对传统文化信息资源进行加工、整理、传播、交流的服务职能，积极转变观念，以传承中华文明和培养高素质人才为出发点和落脚点，重视图书馆建设。一是要建立健全高校通识教育体系与图书阅览室建设，发挥其统筹、协调与服务的育人作用；二是要完善图书馆内的藏书布局，调整专业书刊与人文社科类书刊的数量比例，适当增添有关中国传统文化的书籍，如中华民族历史、优秀古代文学艺术、传统美德等，在增加经典原著的同时，要引进那些与社会紧密相的、内容讲解能够达到深入浅出、平易近人、把高深的易理说得人人都懂的书籍，如于丹讲《论语》《易经杂说》《历史的经验》《孟子旁通》等，避免因藏书数量过少、过旧、过难，导致学生借阅不到自己喜欢的书籍的现象；此外，图书馆还要提高服务质量，开辟传统文化方面的新书介绍专栏、订阅相关的杂志，积极引导大学生借好书、读好书，促进大学生对中国传统文化的认识和了解，从书中受益。

（四）利用网络开展大学生优秀传统文化教育

江泽民指出："互联网已经成为思想政治工作的一个新的重要阵地。国内外的敌对势力正竭力利用它同我们党和政府争夺群众、争夺青少年。我们要研究其特点，采取有力措施应对这种挑战"。因此，利用网络宣传和弘扬中国传统文化是应对外来腐朽文化侵蚀的有力途径。首先，要拓宽高校校园网站的建设，开辟"中国传统文化"教育专栏，丰富并优化传统文化教育资源包括经典文学著作原文及原解、现代百科知识、相关博客推荐、中国文化大讲堂、影视作品下载、历史故事、讨论专区等，最大限度地满足传统文化课教与学的需求，开辟"网上课堂"，共享传统文化教学资源，奖励和鼓励学生在论坛上发表原创帖子，提高论坛质量，提倡学生自己撰写学习传统文化的心得体会，对于内容充实、质量较高的帖子，给予鼓励；其次，针对当今大学生登陆较为频繁的网站加大对传统文化教育的宣传力度，例如人人网和开心网等，目前校内网上开设的有孔子《论语》主页，还可以增设孟子、老子、庄子、韩非子等古代名人主页，潜移默化中加深学生对传统文化的认识和了解，通过转载分享和评论发表对传统文化的认识和看法；最后，建立一支传统文化理论深厚、网络技术精通的新型道德教育工作队伍，引导大学生利用健康有益的信息，对于学生一些过于偏激、夸大事实、低级恶劣的观点言论及时矫正，删改处理，尤其对一些事关大局的敏感性问题要有正面引导。

四、多方形成合力，共同营造大学生健康成长的社会文化环境

（一）社会要积极弘扬优秀传统文化，加强宣传、营造氛围

首先，全社会范围内应形成尊重、热爱中国传统文化的良好氛围。传统文化能否实现传承和弘扬，关键在于能否得到广大人民群众的认同和践行。因此，要在全社会营造出重视传统文化的良好风气，号召全民多阅读一些中国传统文化经典书籍、多培养一些与传统文化有关的业余爱好，使传统文化能根植于人民群众这一深厚的土壤，实现文化的传承与发展。关于这一点，我们国家近几年也做出了重大的努力和推动。2007年12月14日，国务院颁布了修订之后

的《全国年节及纪念日放假办法》，其中明确地将春节、清明节、端午节、中秋节重要传统节日列为法定节假日，这一重大的战略部署，体现出我国对中国传统文化的重视程度。此外，为将中国传统文化推广到世界其他地区和民族，增进世界各国人民的对中国语言文化的理解，中国国家对外汉语教学领导小组办公室还在世界范围内广建孔子学院，有力推进了中华文化在世界范围内的传播。这些举措，都在很大程度上纠正了轻视传统文化的不良风气，使得大学生能够时刻感觉到传统文化的现实意义。

其次，注重传统文化和历史知识普及工作的制度建设。清朝诗人龚自珍曾说过"灭其国不如先灭其史"，指出了民族文化历史对一个国家的重要性。因此，在面临西方外来文化思潮渗透的严峻形势下，必须有意识地去保护我们国家的传统文化，普及传统文化和民族历史，而这一目标的实现，必须依靠切实可行的制度去完成。例如：社会要加大对为普及传统文化和民族历史做出重大贡献的组织和个人的奖励力度；给予专项资金提倡和支持民间文化艺术的弘扬，并通过适度的市场化运作，增强传统文化在市场经济年代下的生命力。

最后，充分重视传媒在弘扬优秀传统文化中的作用。新闻媒体与社会共生并相互促进，在社会公共舆论的领域内，报纸、广播、电视、电影、网络等新闻媒体要正视自身对传播和弘扬传统文化的社会责任，不歪曲历史、不夸大事实、严肃对待、充分挖掘，不断推出优质的作品和节目，将优秀的传统文化精髓传播给社会大众。例如：中央电视台举办的《百家讲坛》栏目就是一个非常好的窗口，通过汇集百家学养，追慕大师风范，以平和开放的胸襟，搭起了一座传统文化通向大众的桥梁；光明日报的"国学"版，通过"国学演讲厅"栏目，邀请文化界的著名学者以演讲的形式，对国学界的热点、重点知识进行介绍，此外还开设了"国学百科""国学动态""国学漫谈""百年国学经典"等栏目报道国学动态、普及国学知识，贴近生活，贴近大众，以小见大，雅俗共赏，受到广大读者的欢迎。

（二）家庭要重视对子女的优秀传统道德教育，形成良好家风

《国务院关于基础教育改革与发展的决定》指出："重视家庭教育。通过家庭访问等多种方式与学生家长建立经常性联系，加强对家庭教育的指导，帮助家长树立正确的教育观念，为子女健康成长营造良好的家庭环境"。家庭是社会的最基本单位。孩子从孕育、出生、上学一直到长大成人，大部分时间是在家庭中度过的。家庭生活与家庭教育如影相随，密不可分，家长是其孩子的第一任老师和终身老师，家庭对孩子的影响是潜移默化的，也是根深蒂固的，家庭教育的核心是品德教育，传统文化教育和德育教育是品德教育中的重要组成部分。因此，在传统文化继承和发扬这一问题上，必须注意充分发挥家庭对大学生的教育、影响、引导作用。从家庭方面而言，家长应该用正确的道德准则和行为规范去引导孩子的言行，教育孩子树立爱国主义思想、诚信意识、感恩情怀、奉献精神、自强不息的品质以及尊老爱幼的传统美德，同时要以身作则，让自己的一言一行成为子女的榜样，在关心子女成绩的同时，更为关心他们对传统文化的认识、人文精神的培养，使大学生从小就生长在一个健康和谐的环境中，实现全面、健康、可持续发展。

（三）大学生自身要不断加强学习和提升个人修养，提升文化"自觉性"

开展大学生传统文化教育，各类文化普及、宣传教育活动仅仅是传统文化教育的形式和途径，但却并不是目的本身。传统文化教育要取得良好的效果要有社会的言传身教，但是也离不开大学生自身的努力学习。因此，开展传统文化教育的根本目的是要通过教育，使学生正确认识和对待传统文化，独立思考，取其精华、去其糟粕，使得传统文化的精髓要义内化为学生自身的道德准则和行为规范，进而形成自己的理想和信念，时刻以高尚品德指导自己的言行，真正唤醒大学生民族文化的"自觉性"，使其能够主动的而不是被动的、有目的的而不是盲目的、积极的而不是消极地去学习传统文化。所以，当代大学生要在认清传统文化现代价值和意义的基础上，从汲取前人的宝贵知识经验入手，多读书，读好书，不断积累自身的传统文化底蕴，由衷热爱中国的传统文化，主动认识和了解它，汲取传统文化的精髓，不断加强学习和提升个人修养，实现自身综合素质的全面发展。

第五章 大学生优秀传统文化自信的分析

第一节 大学生优秀传统文化自信现状

从总体上看,大学生中华优秀传统文化自信的表现是积极的,但由于部分大学生认知积极性不高、学校培养意识不够、家庭教育意识缺乏和传统文化面临多元文化的挑战,也使部分大学生对中华优秀传统文化的认知不够、认同感和自豪感不强。

一、大学生优秀传统文化自信的积极表现

长期以来,国家出台的一系列繁荣社会主义文化的政策和措施,高校思想政治理论课的开设和校园文化活动的开展,使大学生深刻地认识到中华优秀传统文化的价值,对中华优秀传统文化中所蕴含的家国情怀的认同度较高,并对中华优秀传统文化的发展前景具有一定的自信。

(一)大学生对优秀传统文化的价值认同度较高

中华优秀传统文化是中华民族存在和发展的根基。大学生是否能够正确认识中华优秀传统文化的价值,关系到中华优秀传统文化能否得到继承和弘扬,关系到优秀传统文化遗产的保护和安全,也关系到大学生对中华优秀传统文化是否具有自信。通过调查,笔者了解到大学生对中华优秀传统文化的价值认同度比较高。例如,当大学生被问到"2014年南京青年奥林匹克运动会的开幕式,加入许多中华民族文化的元素(如青花瓷、汉字等),对此您的看法"时,有44.6%的大学生认为"展现了中国传统文化的博大精深",有38.6%的

大学生认为"可以引起国人对中国传统文化的自豪感"。这表明，大部分学生对南京青年奥林匹克运动会开幕式融入许多中华民族文化元素这一做法比较认同，他们认为展现了中国传统文化的博大精深，这在一定程度上表现出大学生对中华优秀传统文化的价值比较认同。

中华民族悠久的历史给华夏大地留下了丰富的文化遗产，这些文化遗产既包括物质文化遗产，也包括非物质文化遗产。这些文化遗产是中华民族创造力、想象力与智慧的结晶，也是捍卫国家文化主权和增强文化竞争力的基本依据。大学生是否了解中华文化遗产的价值，是否具有文化遗产的传承和保护意识，关系到大学生对中华优秀传统文化的自豪感问题。在调查中，当大学生被问到"截止到2012年，中国古琴艺术、书法、剪纸等30个项目入选《人类非物质文化遗产代表作名录》，您的感觉"时，有49.0%的大学生选择"很自豪"，有33.1%的大学生选择"比较自豪"。这表明，多数大学生对我国非物质文化遗产申遗的成功感到自豪。这是对我国民族文化的一种认同，也是对我国优秀传统文化的一种自豪感。

此外，当大学生被问到"对于近年来世界各地掀起的'孔子热'，您如何看待"时，多数大学生持有乐观的态度，对该现象是比较看好的。其中，有19.4%的大学生认为此现象是对"中国儒家文化的推崇"，有28.3%的大学生认为是"中国民族文化走向世界的一种表现"，有27.9%的大学生认为"向世界展示了中华优秀传统文化的成果"，有21.3%的大学生认为"使中华优秀传统文化融入到现代化中去"。这表明，多数大学生对我国儒家文化比较认同，认为中华优秀传统文化应该融入到现代化中去，并且应该向世界展示中华优秀传统文化的博大精深，这在一定程度上表现出大学生对中华优秀传统文化的自信。

（二）大学生对家国情怀的思想比较认同

中华优秀传统文化中蕴含丰富的家国情怀的思想，"先天下之忧而忧，后天下之乐而乐""天下兴亡，匹夫有责"等思想深刻体现出了中华民族的家国情怀。从古至今，家国情怀极大地鼓舞人民、振奋精神，既利国利民，又利人利己。大学生只要把自己的理想与民族和国家的发展相结合，就是在体现"家国情怀。"在调查中，当大学生被问到"您对'先天下之忧而忧，后天下之乐而乐'的说法是否认同"时，有19.4%的大学生"很认同"，有47.5%的大学生"比较认同"。另外，当大学生被问到"您如何看待'天下兴亡，匹夫有责'的说法"时，有56.3%的大学生"很认同"，有38.0%的大学生"比较认同"。这表明，多数大学生对中华优秀传统文化中所蕴含的家国情怀的思想比较认同，这有利于大学生自觉地把个人的前途与国家的兴衰联系起来，把爱国的思想付诸实际的行动。

在中华民族的繁荣发展中，许多仁人志士为国家和民族的发展做出了杰出的贡献，体现了强烈的家国情怀，如屈原用生命表达对祖先的缅怀、、大禹治水"三过家门而不入"、顾炎武在中华民族危急关头时表现出的民族气节等。在调查中，当大学生被问到"您对甘肃渭源举行的祭祀华夏文明祖先大禹大典活动的看法"时，多数大学生对中国的风俗活动认同度较高，其中有35%的大学生表示"可以弘扬大禹治水的精神"，有35.2%的大学生表示"可以增强对民族文化的认同感"。这表明，大部分学生对历史上仁人志士的爱国事迹、与家国情怀相关的民俗活动比较认同。

爱国主义优良传统是家国情怀的主要体现，是国家和民族赖以生存和发展的精神支柱，是中华传统美德的核心内容。大学生是国家和民族的希望，他们的爱国程度直接关系到国家和民族的前途与命运。大学生继承爱国主义的优良传统，始终保持高度的爱国情感，这是弥足珍贵的。在调查中，当大学生被问到"中国的传统节日端午节被韩国申遗成功的感觉"时，有64.4%的大学生表示"十分愤慨"。这表明，多数大学生对韩国的这种行为表示强烈的不满，表现了大学生强烈的爱国情感。这种强烈的爱国情感有利于培养大学生对优秀传统文化的自省，也有利于他们形成为实现中华民族伟大复兴的中国梦而不懈努力的理想追求。

（三）大学生对优秀传统文化的发展前景充满信心

目前，虽然部分大学生对中华优秀传统文化的认识存在误区、缺乏了解，但是大多数学生对中华优秀传统文化的作用和发展前景持有积极的态度，表现出较强的自信。在调查中，当大学生被问到"您认为中华优秀传统文化在现代社会中的作用"时，有31.3%的大学生认为是"当代文化发展的基础"，有18.8%的大学生认为可以"抵御外来腐朽文化的侵蚀"，有27.3%的大学生认为"有利于社会良好文化氛围的营造",有17.0%的大学生认为"可以推动经济、政治的发展"。这表明,大部分学生认为中华优秀传统文化在当前社会仍然发挥着较大的作用,他们对中华优秀传统文化的作用比较认同。

此外,当大学生被问及"您如何看待中华优秀传统文化未来的发展前景"时,有19.3%的大学生表示"很乐观",有44.4%的大学生表示"比较乐观"。这表明,多数大学生对中华优秀传统文化未来的发展前景比较乐观,他们对中华优秀传统文化未来的发展充满信心。

二、大学生优秀传统文化自信存在的问题

虽然大学生总体上对中华优秀传统文化的价值持积极评价的态度,也对中华优秀传统文化的前景充满自信,但也有部分大学生对中华优秀传统文化的自信不足。这主要体现在部分大学生对社会关爱的认知度不高、对人格修养的认同度有待加强和对优良道德传统的践履意识不强三方面。

(一)大学生对社会关爱的认知度不高

2014年3月,教育部社科司下发了《完善中华优秀传统文化教育指导纲要》,明确要求要在大中小学阶段开展以仁爱共济、立己达人为重点的社会关爱教育,要引导学生正确处理个人与他人、个人与社会、个人与自然的关系。"仁爱共济,立己达人",体现的是以处理人与人、人与社会、人与自然的关系为道德的出发点和道德建设的终极目标,是建设和谐社会的重要内容。但在当前的社会中,存在一些与"仁爱共济,立己达人"的社会关爱精神不相符合的现象。这些现象也反映到大学校园里,主要表现为部分大学生价值观错误、人际关系不和谐、生态文明意识不强、心理存在问题等,如药家鑫事件、复旦投毒事件及屡次出现的大学生违法犯罪和自杀事件等。这些问题也给我们敲响了警钟,大学生应该在学习科学文化知识的同时,重视自身的道德修养,努力处理好人际关系。

目前,部分大学生对和谐思想的认知度不够,尤其是不会用和谐思想来处理人际关系。如当大学生被问到"您认为用来处理人际关系和谐的思想"是哪个选项时,只有日1.4%的大学生选择的是"仁者爱人",有35.7%、8.8%、

4.1%的大学生分别选择了"吾日三省吾身""正心笃志""国而忘家，公而忘私"。这表明，部分大学生对"仁者爱人"这种处理人际关系的和谐思想的认知度不够。

此外，当大学生被问及"您认为古人主张的'和为贵'思想强调的内容是什么"时，有31.3%的大学生认为是"人与人和谐"，有30.0%的大学生认为是"社会和谐"，有19.9%、17.8%的大学生分别认为是"天人和谐"和"自身和谐"，还有1.0%的大学生选择"其他"。该题目是一道多选题，旨在调查大学生对有关和谐观的思想认识是否全面。通过调查发现，有不少大学生存在少选或漏选的情况，表明部分大学生对处理人际关系和谐的思想认识不是很全面，也表明和谐思想的教育还有待进一步加强。

同时，在部分大学生中存在集体意识淡薄，缺乏归属感、缺乏社会关爱之类的问题。当前，由于个人主义和功利主义等的影响，部分大学生中存在对国家、集体、他人的态度相对冷漠，集体意识淡薄，对所在班集体缺乏归属感的现象。这不利于大学生的健康成长，也不利于中国梦的实现。在调查中，当大学生被问"您对现在所在班集体的感情如何"时，有42.6%的大学生表示"一般"，有17.8%的大学生表示"没太多感情"，还有2.9%的大学生表示"没感情"。这表明，部分大学生对当前所处的班集体感情不太深，缺乏班集体的归属感，也表明进一步增强大学生集体观念的教育十分必要。

（二）大学生对人格修养的认同度有待加强

目前，由于多元文化的冲击和现代生活方式多样化选择的影响，部分大学生缺乏对中华优秀传统文化的认知，缺乏对中华优秀传统文化倡导的人格修养的认同，这使大学生中不同程度的存在缺乏正确的价值观、人格修养不高、自省意识不强、诚信缺失的问题。

第一，部分大学生没有正确的价值观。大学生要具备良好的道德修养，不仅要有丰富的人文科学知识，而且要树立正确的价值观，具有高尚的道德情操和积极的人生态度。目前，大学生的整体精神状态是积极向上的，但由于市场经济和信息全球化的负面影响，部分大学生缺乏正确的价值判断和选择能力，是非界限模糊、自律意识弱化、诚信品质欠缺，传统的修身养性、自律精神、自强不息的精神等在大学生身上没有得到很好的传承。

第二，部分大学生人格修养不高。具体表现为以下三方面。一是部分大学生责任感不强。一些大学生对国家、民族和社会缺乏责任感与奉献精神，道德修养不高，社会公德意识差；二是部分大学生价值观的庸俗化和功利化。部分大学生在处理人际关系时，一切以个人利益为出发点和最高价值，不会换位思考，不会设身处地为他人着想；三是部分大学生没有长远和崇高的理想。主要表现为部分大学生对自己的学习和生活缺乏规划，没有长远的目标，也很少把自己的个人命运与国家的发展联系起来，只是把个人的利益、兴趣作为激励自己前进的动力。例如，当大学生被问到"'修身齐家治国平天下'是古代读书人的理想，您现在会如何看待"时，只有19.2%的大学生表示会"一直作为自己的理想"，有44.8%的大学生持有中立的态度，表示"会考虑成为我的理想"。同时，有36.0%的大学生持有否定的态度，表示不会把这种观点作为自己的人生理想。

第三，部分大学生的自省意识不强。自省作为传统文化中儒家所倡导的一种重要的修养方法，对大学生经常反省自我的言行，及时改正过错有积极作用，但部分大学生却缺乏自省意识。例如，当大学生被问到"您平时是否会用'吾日三省吾身'的说法来要求自己"时，有17.3%的大学生选择"经常会"，有50.9%的大学生选择"偶尔会"，有20.7%的大学生选择"不太会"，有9.6%的大学生选择"不会"，有1.5%的大学生选择"不确定"。这表明，只有少数大学生平时会用"吾日三省吾身"的说法进行自我反省、严格要求自己。有超过一半的大学生对自省的认识还不够，他们还未完全认识到培养自省意识对自身发展的积极作用。

第四，部分大学生中存在诚信滑坡的现象。诚信作为中华民族的传统美德，对大学生提高自身的道德修养水平，达到理想人格具有重要作用。但在一些高校，却不同程度的存在大学生考试作弊、请人代考、骗取特困生奖学金、制作假求职学历等问题，但部分大学生并不认为这些行为是错误的，反而持理解的态度。例如，当大学生被问到"对于大学生考试作弊的态度"时，有40.4%、13.9%的大学生分别选择"比较理解"和"完全理解"。这表明，部分大学生没有从人格修养和完善自身的角度正确认识诚信品质的重要性，更没有充分认识到诚信美德对个人成长、社会发展和国家文化安全的重要意义，也表明加强大学生诚信教育工作是一个亟待解决的问题。

（三）大学生对优良道德传统的践履不够

中华民族优良道德传统是中华优秀传统文化的核心。要使大学生对中华优秀传统文化产生自信，就需要大学生了解中华优良道德传统并把中华优良道德传统的精神融入个人的思想和实践中，使他们在社会实践中去深入体会优秀传统文化的魅力。但就目前的情况看，部分大学生并没有把课堂上学到的中华优良道德传统的理论与自己的思想认识和社会实际相结合，导致大学生中存在对优良道德传统的践履意识不够的问题。

在中华民族优良道德传统中，正确的义利观是在"义"和"利"发生矛盾时，应当"先义后利""见利思义""义然后取"。这种正确的义利观是大学生从小学到大学都应该接受的道德教育。但在部分大学生的思想认识中，正确的义利观只是政治考试中的正确答案，而不是自己真实的思想认识例如，当大学生被问到"您如何看待'重义轻利，舍生取义'的观点"时，分别有14.7%、36.3%的大学生选择"很认同"、"比较认同"。同时，有39.6%、6.1%、3.3%的大学生分别选择"不太认同""不认同""不清楚"。这表明，部分大学生虽然从小就接受正确义利观的教育，但他们并没有把正确的义利观转化为自己真实的思想认识，没有对正确的义利观产生情感认同，更不可能把正确的义利观落实在自己的实际行动上。

爱国主义是中华民族的民族精神，是优良道德传统的重要内容。在思想政治理论课教学中，教师都会强调大学生要理性表达爱国情感，绝大多数大学生也表示认同。但在离开教室之后，部分大学生就把已经接受的理性爱国的教育抛到一边。例如，当大学生被问到"您会参与的关于表达爱国行为的活动有哪些"时，分别有7.3%、28.8%、24.4%的大学生选择"向周围的人宣传爱国精神"、听"爱国教育的讲座"、发起"与爱国相关的网络投票"的理性方式来表达自己的爱国情怀。同时，有24.4%的大学生选择参加"爱国游行活动"，有12.0%的大学生选择"抵制外货"，有3.2%的大学生选择"其他"。这表明，当前大学生的爱国状况总体上是积极向上的，多数大学生具有强烈的爱国情感，较强的民族自尊心和自信心，能够做到理性爱国。但也有部分大学生把课堂上已经接受的理性爱国的思想抛到了一边，表现出了非理性的爱国行为。这说明，大学生在优良道德传统的践履上还存在一些亟待解决的问题。

中国传统伦理思想一向推崇"仁爱"原则和追求人际关系和谐。可以说，用"仁爱"原则来处理人际关系是大学生从小到大都接受的道德教育。但这种教育在部分大学生中并没有转化成大学生的思想认识和实际行动。例如，当大学生被问到"您在与他人合作时对方总是出错，您会如何看待"时，有40.0%的大学生表示会"耐心、指正"，有25.5%的大学生表示会独自"完成两个人的任务"，有16.1%的大学生表示"不予理会"，还有17.1%的大学生表示会"换同伴"，有1.4%的大学生选择了"其他"。这表明，部分大学生并没有把长期接受的"仁爱"原则和追求人际关系和谐的思想真正内化为自己的思想认识，更不可能落实在实际行动上。因此，如何使大学生能够自觉践履优良道德传统，仍然是一个需要解决的问题。

三、大学生优秀传统文化自信存在问题的原因

大学生优秀传统文化自信之所以存在一些问题，主要是因为大学生对优秀传统文化的认知积极性不高，学校对优秀传统文化自信的培养不够，家庭缺乏优秀传统文化教育的意识和传统文化面临多元文化的挑战。

（一）大学生对优秀传统文化的认知积极性不高

当前，部分大学生对我国优秀传统文化的认知积极性不太高，究其原因主要是一些大学生对中国传统文化的糟粕和精华缺乏辨别，对中华优秀传统文化的学习兴趣有待提高。

1. 部分大学生对传统文化的精华与糟粕缺乏辨别力

大学生只有正确认识中国传统文化，学会取其精华、去其糟粕，才能树立起民族自尊心和自信心。但由于部分大学生受到社会阅历和知识水平的限制，对传统文化中的精华和糟粕难以判断。比如，一些学校提倡学生向老师行"跪拜礼"，让学生用屈膝跪拜的方式表达对老师的情感，这种行为有悖于现代文明和教育理性，在当代社会不应该提倡，应属传统文化中的糟粕。但在调查中，当大学生被问到"您如何看待当前社会出现的学生向老师行'跪拜礼'这一现象"时，有16.5%的大学生表示"应该提倡"，有24.8%的大学生表示

"很难说",有4.7%的大学生表示"不太关注",还有54%的大学生表示"不应该提倡"。这表明,虽然有大约一半的大学生不赞成行"跪拜礼",但还是有相当一部分大学生对其缺乏辨别力,不能正确地区分中国传统文化中的糟粕与精华。

2. 大学生对优秀传统文化的学习兴趣有待提高

目前,在部分大学生中存在对中华优秀传统文化不太了解,对本民族文化缺乏兴趣的情况。例如,当大学生被问到"您对孔融让梨、黄香铺床等有关中华传统道德的故事是否感兴趣"时,有18.7%和35.3%的大学生表示"很感兴趣""比较感兴趣"。同时,有37.2%、5.3%、3.5%的大学生表示"兴趣一般""不太感兴趣""没兴趣"。这表明,部分大学生对中华优秀传统文化的了解较少,而且也没有兴趣去了解,也表明加强大学生对中华优秀传统文化的认知,引导他们积极主动地了解中华优秀传统文化十分重要。

此外,当大学生被问到"您对《诗经》《论语》《孟子》等经史子集类的文章书籍的态度"时,有60.8%的大学生选择"偶尔翻阅",有7.1%的大学生选择对这类文章书籍""爱不释手""。另外,还有15.1%、17.0%的大学生分别选择"敬而远之""不太喜欢"。这表明,多数大学生对经史子集类文章书籍的接触不多,并且大多停留在翻阅的层次,并没有深入地学习和了解。事实上,尽管这类文章及书籍距今已有几千年的时间,但大学生可以通过学习这些书籍了解我国悠久的历史和光辉灿烂的文化,从而激发起大学生对中华优秀传统文化强烈的自豪感和自信心。因此,高校应该采取措施,激发大学生阅读经史子集类文章书籍的兴趣,积极引导大学生在读书中了解中华文明,增强中华优秀传统文化的自信心。

3. 学校对大学生优秀传统文化自信的培养不够

高校是大学生思想政治教育的主阵地,对大学生进行中华优秀传统文化自信的培养是其应尽的责任。然而,由于多种原因,高校在大学生优秀传统文化自信的培养方面存在一些问题。

第一,缺乏系统介绍中华优秀传统文化的教材和课外读物。当前,高校思想政治课所使用的《思想道德修养与法律基础》《中国近代史纲要》《毛泽东思想和中国特色社会主义理论体系概论》等教材中涉及到一些关于中华优秀传统文化的内容，但所占比重较少，加之学校缺乏系统介绍中华优秀传统文化的相关教材和讲授课时有限，使大学生对中华优秀传统文化知识的了解非常有限。此外，供大学生课外学习的中华优秀传统文化的读物也较少，不能为大学生在课外自学提供丰富的知识资源，也导致了部分大学生对中华优秀传统文化的知识掌握比较匮乏。

第二，教学方法的创新性不够。在教学中，部分教师对中华优秀传统文化知识的讲授缺乏创新性，主要是以单向的传授为主，且教学方法较为单一，不能充分调动大学生对中华优秀传统文化学习的积极性和主动性。主要表现为：部分教师在教学中忽视对中华优秀传统文化精神内涵的阐释，涉及中国传统文化精华的内容较少；部分教师没有把中华优秀传统文化与大学生的现实生活紧密结合起来，没有使大学生通过对现实生活的体验来进一步了解中华优秀传统文化的魅力与价值；部分教师没有采用现代的教学手段，用大学生易于接受的形式向大学生介绍中华优秀传统文化。这在一定程度上不利于调动大学生对中华优秀传统文化的学习兴趣，使部分大学生缺乏对中华优秀传统文化的自信。

第三，相关宣传教育活动较少。目前，高校组织的以中华优秀传统文化为主题的校园文化活动较少，这使大学生缺乏中华优秀传统文化氛围的渲染和熏陶，缺少以实践方式对中华优秀传统文化进行学习和体验的机会。同时，学校对中华优秀传统文化知识的宣传力度不够，没有充分利用校园版报、网络传播、学生社团等对大学生进行中华优秀传统文化的宣传教育，这使部分大学生对中华优秀传统文化的了解仅仅停留在课堂了解的粗浅的层面上，而没有通过其他渠道进一步了解中华优秀传统文化的博大精深，也很难使大学生对中华优秀传统文化产生自信。

4.部分家庭缺乏优秀传统文化教育的意识

毋庸置疑，家庭的文化教育会影响孩子的文化认同，家庭营造的传统文化氛围对孩子的中华优秀传统文化自信会产生重要的影响。家庭文化教育对孩子文化认同的影响主要包括家庭的生活方式和习惯、家长的道德修养、家庭成员的道德追求和为人处事的原则等多个方面。一般来说，如果父母认同中华优秀传统文化，在言行中践行优秀传统文化的精神，并有意识地对孩子进行中华优秀传统文化自信的教育和示范，则会对孩子的文化认同和文化自信产生深刻的影响。换句话说，在中华优秀传统文化氛围较浓的家庭中成长成才的大学生，一般会具有较强的民族自尊心、自信心，容易对中华优秀传统文化产生较高的认同心理。反之，如果父母对中华优秀传统文化的认同度较低，则会使大学生因为缺少中华优秀传统文化的熏陶，缺乏家庭道德传统的教化，而使大学生对优秀传统文化不了解或不认同，从而影响大学生对中华优秀传统文化的自信。

此外，当大学生被问到"您接受中华优秀传统文化的教育主要来源"时，多数大学生选择的是"学校教育""网络信息""新闻媒体"，分别占35.8%、23.7%、22.4%，而选择"家庭教育"的大学生仅为15.9%。这表明，大学生接受中华优秀传统文化的教育主要来自学校的教育，与其他教育途径相比，大学生通过家庭接受中华优秀传统文化的教育较少。因此，家庭对大学生进行中华优秀传统文化自信的教育还有待加强。

5. 传统文化面临多元文化的挑战

随着经济全球化进程的加快和现代信息传媒技术的迅速发展，文化交流不断扩大，而由此带来的多元文化的存在则对传统文化形成了一定的挑战态势，并对大学生优秀传统文化自信产生了消极影响。

第一，西方文化渗透对大学生优秀传统文化自信的消极影响。目前，西方发达国家凭借其雄厚的经济实力和传播媒介优势，推销资本主义的价值观念、思想文化和生活方式，并且手段逐渐增多、方式逐渐隐蔽。具体表现为：一是西方国家以影视剧作品、书籍、刊物、广告等为载体，通过网络媒体对我国大学生进行文化渗透；二是通过"麦当劳""肯德基""星巴克""必胜客"等快餐饮食文化，通过"圣诞节""情人节"等西方节日，流行音乐，好莱坞大片等方式进行文化渗透。但面对西方文化对大学生价值观的渗透，部分大学生却因为缺乏理性批判和鉴别能力而不能正确区分西方文化的良莠。这在一定程度上削减了大学生对中华优秀传统文化的认同，削弱了大学生对中华优秀传统文化的自信心和自豪感。

第二，网络文化对大学生优秀传统文化自信的消极影响。目前，由于网络的虚拟性和网络监管的局限性等特点，一些不良文化在网络上的泛滥和蔓延影响了大学生对中华民族优良道德传统的认知，影响了大学生对中华优秀传统文化的践行。比如，网络游戏中的凶杀暴力、影视剧中的色情庸俗、电视选秀节目中的一举成名等极易引发大学生的暴力犯罪和追求低俗的生活方式，也容易误导大学生去崇尚极端个人主义和享乐主义人生观。这不仅严重影响大学生的成长成才，也使部分大学生对中华优秀传统文化所弘扬的优良道德传统态度冷漠，缺乏认知的主动性和践行的自觉性，从而也影响到大学生对优秀传统文化的自信。

第三，大众娱乐文化对大学生优秀传统文化自信的消极影响。当前，各种娱乐性的节目以其强烈的冲击力吸引了众多大学生，但这种文化在满足大学生休闲娱乐需求的同时具有一定的快餐性质，它在一定程度上对大学生优秀传统文化自信的培养产生了负面影响。一是一些大众娱乐节目的思想性、艺术性不高。这些节目大多数是以娱乐大众、商业炒作、企业宣传为目的，并不能引起大学生对社会及人生意义的追问与反思，这使大学生的民族精神、传统道德在大众娱乐文化的侵蚀下被逐渐淡化。二是一部分大众娱乐节目过于注重满足人的感官需求。由于这种文化是以满足人的感官快乐为原则，使部分大学生只关注外在事物的独特和新奇，忽视了中华优秀传统文化的内涵和思想价值。这在一定程度上对大学生人格修养的提升和正确人生观、世界观、价值观的形成起到了阻碍作用。

第二节 培养大学生优秀传统文化自信的路径

大学生优秀传统文化自信的培养，既关系到中华优秀传统文化的传承和创新，又关系到中华民族伟大复兴中国梦的实现。高校要从激发大学生对优秀传统文化的学习兴趣，加强对大学生优秀传统文化自信的正确引导，鼓励大学生自觉践行优秀传统文化，构建优秀传统文化自信培养的多元支撑等途径入手，为大学生营造良好的优秀传统文化自信环境，培养大学生对中华优秀传统文化的高度自信。

一、培养大学生对优秀传统文化的学习兴趣

培养大学生优秀传统文化自信，首先要激发大学生对优秀传统文化的学习兴趣，增强大学生对中华优秀传统文化的认知、认同和自豪感。高校可以通过发挥思想政治理论课的作用和鼓励开设中华优秀传统文化的必修课来激发大学生对优秀传统文化的学习兴趣。

（一）发挥思想政治理论课的作用

高校思想政治理论课担负着向大学生传授中华优秀传统文化知识的任务，而就高校大学生接受优秀传统文化知识的渠道而言，大学生比较愿意接受的途径也是思想政治理论课的讲授。例如，当大学生被问到"您认为思想政治理论课对加强优秀传统文化教育是否可以发挥作用"时，有67.4%大学生选择"可以"，有17.8%的大学生选择"不可以"，只有19.5%的大学生选择"不确定"。这表明，多数大学生认为高校思想政治理论课对加强中华优秀传统文化的教育可以起到积极的作用。因此，充分发挥思想政治课的作用，对培养大学生优秀传统文化自信十分重要。

要充分发挥高校思想政治理论课的作用，需要着重抓好以下三方面的工作。

第一，思想政治理论课教师要具备传播优秀传统文化的能力。作为思想政治理论课的教师，要对大学生进行中华优秀传统文化的教育，必须从多角度提高自身的素质以提高自己的能力：一是要储备相关知识并能有效传播，思想政治教育工作者需要在具备广博的专业知识的基础上，加强对中华优秀传统文化知识的学习，并在教学中把专业知识与中华优秀传统文化的内容有效结合；二是把教学与科研相结合，思想政治教育工作者可以将教学经验和科研工作相结合，把教学工作中得到的感性经验上升到理论的高度，再用理论来指导教学实践，以便更好地对大学生进行中华优秀传统文化的教育；三是树立良好的教育者形象。思想政治教育工作者良好的人格力量和自我形象是一种有说服力的教育。思想政治教育工作者不仅要善于言教，还要善于身教，应该言行一致地带头实践所提倡的优良道德品质和价值观念。

第二，完善思想政治理论课的教学内容与创新教学方法。要充分发挥思想政治理论课的重要作用，教师需要在教学中促进思想政治教育与中华优秀传统文化的紧密结合。首先，教学中加大介绍中华优秀传统文化的教学内容。教师在教学中，要以爱国主义教育为主线，充分利用中华优秀传统文化中蕴含的教育资源，进一步丰富思想政治理论课的教学内容。这样不仅可以避免纯粹的理论说教，而且能够丰富大学生的学习内容，提高大学生对中华优秀传统文化的学习兴趣。其次，要不断创新教学方法和手段。在教学过程中，教师要积极探索播放优秀传统文化的教学短片、介绍名言警句、讲故事、评价网上新闻等多种方法和手段，用大学生易于接受的形式向其介绍中华优秀传统文化，增强大学生优秀传统文化自信。最后，要调动大学生学习的主动性和积极性。在课堂上，教师要鼓励大学生积极参与教学过程，鼓励大学生讲故事、提问题、谈体会、相互讨论等，以充分调动大学生的积极性和主动参与意识。在课外，要鼓励大学生自觉践行优秀传统文化的内容和有意识去体会优秀传统文化的魅力。

第三，进一步完善思想政治理论课教材中有关优秀传统文化的内容。有关部门要根据教育部《完善中华优秀传统文化教育指导纲要》的通知精神，进一步完善思想政治课教材中有关中华优秀传统文化的内容，为教师教学和大学生课外自学提供丰富的知识资源。

（二）鼓励高校开设中华优秀传统文化的必修课

中华优秀传统文化是中华民族走向伟大复兴的精神支柱与力量源泉，是我国文化软实力的重要基础。高校通过中华优秀传统文化的教育，可以树立大学生的民族自尊心和自信心，形成认同中华文明的时代意识和振兴中华文明的使命意识。因此，鼓励高校开设中华优秀传统文化必修课，对培养大学生优秀传统文化自信具有重要意义。

要使中华优秀传统文化更好地传承和发展，不仅要充分发挥思想政治理论课的作用，而且要鼓励高校把中华优秀传统文化作为一门必修课进行开设。通过调查，笔者了解到大部分学生对中华优秀传统文化作为必修课的热情较高。例如，当大学生被问到"如果学校把中华优秀传统文化作为大学生的必修课程，您会如何看待"时，有32.3%的大学生选择"非常支持"，有46.8%的大学生选择"比较支持",只有少数大学生持有否定态度。这表明,大学生非常希望和愿意通过必修课的形式去学习中华优秀传统文化。因此,高校有必要把中华优秀传统文化作为一门必修课进行开设。

二、加强高校对大学生优秀传统文化自信的正确引导

高校负有对大学生优秀传统文化自信进行正确引导的责任。高校可以通过培养大学生对优秀传统文化的传承意识,增强大学生的文化安全意识,注重挖掘中华优秀传统文化的当代价值,提高大学生的文化自觉和文化自强意识的方式,正确引导大学生对中华优秀传统文化产生自信和自豪感。

(一)培养大学生对优秀传统文化的传承意识

中国传统艺术是中华优秀传统文化的载体。中国有书法、绘画、戏剧、器乐等传统艺术,它们不仅极大地丰富了人们的精神文化生活,而且修身养性、陶冶情操。但由于我国一些传统艺术缺乏有效地保护,许多传统艺术在民间逐渐消失,特别是一些传统技艺由于缺少传承人而流失。因此,亟须培养大学生对中国传统艺术的传承意识,对传统技艺的学习意识。在调查中,当大学生被问到"如果需要您传承一项中国传统技艺(如中国功夫、针灸、剪纸等),您是否愿意"时,有50.6%的大学生选择"非常愿意",有39.2%的大学生选择"比较愿意",有6.1%的大学生选择"比较反对",有1.9%的大学生选择"强烈反对",有12.8%的大学生选择"无所谓"。这表明,多数大学生愿意传承我国的传统技艺,并对传统技艺表现出了较大兴趣,只有少数大学生的参与热情较低。鉴于此,高校应该通过举办中华优秀传统文化艺术传承的活动,提高大学生对中国传统艺术传承和保护的意识,加强大学生对中华优秀传统文化的自信。比如,可以邀请传统文化名家、非物质文化遗产传承人等进校园和课堂,对大学生进行传统文化艺术的讲解,有条件的高校还可以开设对口的专业,鼓励民间艺人、技艺大师、非物质文化传承人参与高校的教学工作,为有兴趣学习的大学生提供学习的机会,为传承我国传统艺术培养出更多的专业人才。

（二）增强大学生的文化安全意识

增强大学生的文化安全意识，需要对大学生进行中华优秀传统文化的教育，使大学生在面对西方文化的冲击时，既能正确区分外来文化的良莠，又能对中华优秀传统文化保持自信。

要增强大学生的文化安全意识，需要着重抓好以下两方面的工作。

1. 加强高校对大学生中华优秀传统文化自信的教育

高校可以通过思想政治理论课、开展相关的校园文化活动等，提高大学生对中华优秀传统文化的认知度和认同度，培养大学生优秀传统文化自信。具体来说，高校可以从两方面增强大学生的文化安全意识：一方面，高校教师自身要加强文化安全意识，要有意识地在工作和生活中注意提高自身的文化素养，要深入挖掘中华优秀传统文化的教育资源并在教学中融入相关内容，以便通过言传身教培养大学生对中华优秀传统文化的自信心和自豪感；另一方面，高校可以通过组织大学生参加有关优秀传统文化的校园文化活动，增强大学生对中华优秀传统文化的了解和文化自信，增强大学生自觉维护文化安全的意识。

2. 引导大学生正确对待外来文化

由于外来文化良莠不齐、优劣并存，大学生需要具备一定的分析、比较、鉴别能力，才能做到辩证取舍、择善从之。因此，高校思想政治教育工作者要在教学和相关宣传教育活动中，根据大学生自身的特点，采用案例分析、观点点评、辩论赛等多种方式引导大学生正确看待和分析外来文化，学会区分外来文化的良莠，学会在批判中借鉴西方优秀文化成果来发展和创新中华优秀传统文化。

（三）注重挖掘优秀传统文化的当代价值

高校思想政治教育工作者要注重发掘中华优秀传统文化中所蕴含的当代价值，把中华优秀传统文化与大学生的现实生活紧密结合起来对大学生进行教育和引导，使大学生能够通过对现实生活的体验来进一步了解中华优秀传统文化的魅力与价值，从而对中华优秀传统文化产生自信和自豪感。

挖掘优秀传统文化的当代价值，需要着重抓好以下三方面的工作。

第一，在历史与现实的结合中加强大学生的家国情怀教育。思想政治课教师在教学中，要从历史和现实相结合的角度，在介绍历史上一些杰出的仁人志士的爱国事迹的同时，联系今天的社会现实，列举一些当代人物的事迹，引导大学生从身边的小事做起，自觉践行爱国主义精神。同时，要引导大学生把个人的成功与国家的富强联系起来，把个人的梦想与中国梦的实现联系起来，引导大学生自觉投身于国家的建设和发展事业中，为中国梦的早日实现做出贡献。

第二，在倡导和谐精神中加强大学生的和谐观教育。这种价值追求有利于我国社会的发展与和谐社会的建设。高校可以通过以下三种途径加强大学生的和谐观教育：一是高校要重视对大学生共享意识与人际交往能力的培养，鼓励大学生积极参加班集体的活动，培养自己的集体观念，在学习生活中，主动与同学沟通交流，培养与人分享的意识；二是培养大学生的协作意识，要引导大学生正确认识竞争与合作的关系，处理好公平竞争与友好协作的关系；三是培养大学生的生态文明意识，使大学生尊重和保护生态环境。

第三，用优秀传统文化的伦理观引导大学生加强人格修养。高校可以通过以下三种途径引导大学生加强人格修养：一是用"仁爱"伦理原则引导大学生加强人格修养，要引导大学生与人相处时不能以自我为中心，要学会互助、容忍、谦和做到"己所不欲，勿施于人"等；二是用正确的义利观引导大学生加强人格修养。要引导大学生在现实生活中碰到"义"与"利"发生矛盾时，要"先义后利""见利思义""义然后取"，用正确的义利观来提升自己的道德境界；三是用诚实守信的伦理原则引导大学生加强人格修养，要引导大学生用诚实守信的伦理原则去做人做事，鼓励大学生积极践行诚实守信的伦理要求。

（四）提高大学生的文化自觉和文化自强意识

高校要通过提岛大学生文化自觉和文化自强意识，进一步提高大学生优秀传统文化自信，使大学生成为中华优秀传统文化的继承者和传播者。具体来说，需要着重抓好以下两方面的工作。

第一，提高大学生的文化自觉意识。文化自觉是对本民族文化的起源、形成、演变、特质和发展趋势的理性把握。同时，包括对其他国家和民族文化的正确认识，对世界各种文化交流交融等正确认识。要提高大学生对中华优秀传统文化自觉的意识，需要大学生有深刻的文化思考、广阔的文化视野和高度的人文关怀以及社会责任感。这要求高校要做好两方面的工作：一方面，高校教育工作者要在大学生全面系统地认识中华优秀传统文化的基础上，引导大学生把中华优秀传统文化运用到现实生活中去，以提高大学生的文化觉悟；另一方面，高校教育工作者要引导大学生正确对待外来文他，树立文化忧患意识，自觉承担起传承和弘扬中华优秀传统文化的责任。

第二，提高大学生的文化自强意识。文化自觉和文化自信的最终目标是达到文化自强。高校对大学生进行中华优秀传统文化教育时，需要以立德树人为根本任务，以弘扬爱国主义为核心的民族精神为主线，引导大学生用发展的眼光看待中华优秀传统文化，在加强自身文化自觉和文化自信的基础上，提高大学生的文化自强意识。

三、鼓励大学生自觉践行优秀传统文化

高校要通过鼓励大学生进行自我教育，积极参加校内、校外优秀传统文化相关活动等方式，引导大学生对中华优秀传统文化充满自信。

（一）鼓励大学生进行自我教育

高校在对大学生传授中华优秀传统文化知识的同时，要鼓励大学生进行自我教育，培养大学生对中华优秀传统文化的自我学习、认知、鉴别能力。

高校可以从三方面鼓励大学生进行自我教育：一是培养大学生对中华优秀传统文化的学习兴趣，并鼓励他们自觉用优秀传统文化的内容来规范自己的行为，在日常的学习和生活中用中华优秀传统文化的内容来教育自己；二是引导大学生在中西文化的对比中进行自我教育，要鼓励大学生用客观和理性的态度，科学的认识和分析中西文化的差异，引导他们从历史和现实的角度分析中西文化的积极和消极因素，引导大学生在这种对比中进行自我教育；三是引导大学生在学习中华优秀传统文化知识中进行自我教育，大学生可以通过阅读中国古代思想文化的重要典籍，观看相关的影视剧作品，查阅网络信息等方式，理解中华优秀传统文化的精髓，提高大学生对中华优秀传统文化的认知、认同和自豪感。

（二）鼓励大学生参加宣传教育活动

鼓励大学生参加校内、校外的文化实践活动是培养大学生优秀传统文化自信的重要环节之一，它既能使大学生以身临其境的实践方式进行学习和体验，接受中华优秀传统文化的渲染和熏陶，又能在实践活动中提高大学生对中华优秀传统文化的认知度、认同度和自豪感。具体来说，需要着重抓好以下两方面的工作：

第一，鼓励大学生参加校内优秀传统文化的宣传教育活动。学校可以定期邀请名家开办专题讲座，为大学生开设优秀传统文化的精品课程，开展有关优秀传统文化的知识竞赛、文艺会演、校园文化节等活动，拓宽大学生了解中华优秀传统文化的渠道。同时，学校可以通过校园板报、学生社团、网络传播等方式，加强对中华优秀传统文化的宣传力度，提升大学生对中华优秀传统文化的自信心。在调查中，当大学生被问到"您喜欢参加学校组织的关于优秀传统的知识竞赛、文艺会演等活动吗"时，有18.1%的大学生表示"很喜欢"，有40.7%的大学生表示"比较喜欢"，有25.6%的大学生表示"一般"，有13.9%的大学生表示"不太喜欢"，只有1.7%的大学生表示"很反感"。这表明，多数大学生对学校组织的优秀传统文化相关活动比较喜欢。因此，学校应该多组织这类校园文化活动，鼓励更多的大学生参加。

第二，鼓励大学生参加校外优秀传统文化的宣传教育活动。学校对大学生进行优秀传统文化自信的培养，应该根据大学生自身的特点，充分利用校外优秀传统文化的教育资源。学校可以组织大学生参观历史博物馆、革命遗址或爱国主义教育基地等校外活动，使大学生感悟优秀传统文化所蕴含的民族精神，提高大学生优秀传统文化自信。具体而言，可以从三方面内容着手：一是在参观前学校应该做好相应的准备工作，如选择参观地点、教育主题和教育结果反馈等，使大学生参观目的明确、结果反馈真实；二是在参观时要对大学生进行宣传讲解，避免参观趋于形式化；三是要求大学生做好笔记，并在参观后写观后感，使大学生在社会实践中进一步加强对中华优秀传统文化的了解，进一步加强对中华优秀传统文化的自信。

四、增强优秀传统文化自信的多元支撑

影响大学生优秀传统文化自信培养的因素包括校园、家庭、社会和网络环境。例如，当大学生被问到"您认为加强对大学生的优秀传统文化教育可以从哪些方面着手"时，有27.5%的大学生选择"学校的课堂教育"，有28.6%的大学生选择"公共文化场所的建设"，有23.8%的大学生选择"父母长辈的言传身教"，有19.1%的大学生选择"网络环境的监管"，有1.1%的大学生选择"其他"。这表明，要培养大学生优秀传统文化自信需要全社会的共同参与，要充分发挥教育合力的作用。

（一）增强社会的文化自信感染力

要增强社会对大学生的文化自信的感染力，需要充分发挥公共文化场所的作用。要根据图书馆、博物馆、音乐厅、纪念馆、名胜古迹、故居旧址等各类公共文化场所的教育优势，大力开展一系列的优秀传统文化宣传教育活动，多途径丰富大学生的精神文化生活。

具体而言，可以从四方面内容增强社会对大学生的文化自信感染力：一是政府相关部门应该加强政策支持，组织开展大型公共文化活动，打造公益性中华优秀传统文化活动的品牌，推动相关公益性文化场馆免费开放；二是学校可以充分利用博物馆、纪念馆、音乐厅、名胜古迹、文化遗产等具有中华优秀传统文化特色的资源，组织大学生进行实地调研和现场教学，提高大学生对中国传统技艺（如中国功夫、针灸、皮影戏、剪纸等）的学习兴趣，使大学生在社会现实生活中感受中华优秀传统文化的魅力，增加大学生优秀传统文化自信；三是学校应与文化宣传、新闻出版和广播电视台等部门积极协作，创作一些针对大学生进行宣传教育的优秀传统文化的精品力作，并用这些精品力作培养大学生优秀传统文化自信；四是鼓励大学生消费承载着优秀传统文化的产品，要鼓励大学生利用业余时间，走进影院、剧院、名胜古迹、音乐厅、文化遗产故居等进行文化消费，引导他们在文化消费中提高自身的文化素养，增强对中华优秀传统文化的自信。

（二）强化校园的文化自信教育作用

要发挥校园文化的育人功能，积极营造良好的校园优秀传统文化的氛围。具体而言，可以从校风建设、学风建设、教风建设三方面营造文化环境。

1. 以校训的落实来抓校风建设

一所学校的校训和校风，承载着传播优秀传统文化的功能。比如，清华大学的校训——"自强不息，厚德载物"就承载着丰富的优秀传统文化内涵。督促承载着优秀传统文化校训的贯彻落实，引导大学生在校期间和毕业后身体力行校训，并以校训的落实来抓校风建设，有利于大学生优秀传统文化自信的培养。在调查中，当大学生被问及"您认为大学校园是否需要培养'明礼知耻'的社会风尚"的问题时，有65.3%的大学生认为"非常需要"，有30.0%的大学生认为"比较需要"，有2.9%的大学生认为"不太需要"，有0.4%的大学生认为"完全不需要"，有1.4%的大学生选择"不知道"。这表明，大部分学生对培养良好的校风建设有积极的认识。

2. 抓好学风建设

学风是学生学习的风格与态度，是培养人才的重要条件，对大学生的成功有积极作用。优良的学风一定承载着中华优秀传统文化的内容。因此，高校要加强良好学风的建设，引导大学生在学习过程中养成良好的学风，并通过良好的学风来培养大学生优秀传统文化自信。

3. 抓好教风建设

教风是教师在日常教育实践活动中形成的教学的特点、作风和风格，是其道德品质、教育理论、文化知识水平、技能等素质的具体表现。良好的教风，可使大学生从教育工作者身上学到中华优秀传统文化的内容，看到中华优秀传统文化的践行。为此，学校要加强对全体教师进行中华优秀传统文化教育的培训。此外，教师要有强烈的事业心和责任感，要具备言行一致、表里如一的品德，热爱本职工作、忠于职守，要以高度的工作热情面对大学生群体，把培养社会主义"四有"新人作为教学目标，对教学工作精益求精、勇于创新、刻苦钻研，使大学生在与其交流交往中，看到中华优秀传统文化的魅力和实际的践行典范，从而对中华优秀传统文化产生自信。

（三）发挥家庭的文化自信教育功能

家庭在大学生优秀传统文化自信的培养中发挥着重要的作用。一个具有优秀传统文化氛围的家庭，会在长期的家庭生活中通过点点滴滴的生活细节对大学生认知和践行优秀传统文化产生潜移默化的作用。因此，充分发挥家庭在大学生优秀传统文化自信培养中的作用具有重要的意义。具体而言，可从两方面积极发挥家庭对大学生优秀传统文化自信培养的功能。

第一，倡导家庭培养大学生学习中华优秀传统文化的兴趣。家长可以通过引导孩子书写正楷字、了解传统节日的文化内涵、学习传统技艺等方式，培养大学生对中华优秀传统文化的学习兴趣，引导大学生珍视中华优秀成果，加强大学生对中华优秀传统文化的归属感和自豪感。

第二，倡导父母通过言传身教培养大学生优秀传统文化自信。在一个家庭中，父母的世界观、人生观及待人接物的态度往往给子女留下深刻的印象，他们的道德行为像一座灯塔指引着大学生的言行。因此，家长要通过言传身教，用爱国守法、遵守公德、珍视亲情、勤俭持家、邻里和睦的良好家风，培养大学生良好的道德品质。家长在日常生活中，也要引导大学生理解他人，懂得感恩，提高大学生明辨是非、善恶的能力，使大学生在日常生活中体会中华优秀传统文化的魅力和自觉践行优秀传统文化。

（四）加强网络的文化自信引导

网络在大学生优秀传统文化的自信培养中发挥着重要的作用。要培养和提升大学生对中华优秀传统文化的自信力，需要大众传媒运用适合大学生心理和话语系统的语言和载体，将传统文化"推陈出新""古为今用"，满足大学生大众化的审美需求和接受方式。

高校积极建设适应时代发展需要的中华优秀传统文化的网络教育平台，对规范大学生的网络文化秩序，加强大学生优秀传统文化自信的意义重大。具体来说，学校可以从三方面充分发挥网络对大学生优秀传统文化自信的引导作用：

第一，引导大学生正确选择网络信息。学校要用社会主义核心价值观引导大学生了解社会提倡什么，反对什么，使大学生形成一种无形的选择压力，促使大学生接受社会提倡的积极的文化信息，从而为培养大学生优秀传统文化自信提供良好的网络环境。

第二，加强校园网站建设。学校可择优选择一批有代表性的中华优秀传统文化的经典诗文，建设成为"中华经典资源库"。重点打造一批有广泛影响的传统文化特色网站，支持鼓励学校网站开设中华优秀传统文化专栏，为大学生创造形式活泼、内容丰富的在线学习模式。

第三，创新网络文化。目前，大学生的学习、生活及其娱乐都被逐渐网络化，这意味着利用网络来进一步加强大学生的思想政治教育非常重要。学校通过积极创新网络文化，可以增加思想政治教育工作者与大学生对话、交流的平台，可以拓宽优秀传统文化传播的途径和增强大学生优秀传统文化自信培养的实效性。